Vegetarisch
für Feinschmecker

BELLAVISTA

Heinz Winkler

Vegetarisch
für Feinschmecker

Meisterhafte Rezepte,
die leicht gelingen

Gestaltung der Bildseiten:
FoodPhotography Eising

Inhaltsverzeichnis

Über dieses Buch

Die beliebte vegetarische Küche, von einem 3-Sterne-Koch geboten, das garantiert herausragende Geschmackserlebnisse und wird auch den anspruchsvollsten Gourmet von den Vorzügen dieser vielseitigen Küche überzeugen. Frisches Gemüse, jung geerntet und von allerbester Qualität, ist die wichtigste »Grundsubstanz« der meisten Gerichte in diesem Buch. Und präsentiert sich dieses Produkt schon von Natur aus in den verschiedensten Formen und Geschmacksrichtungen, so läßt es sich in der Küche auch entsprechend vielseitig zubereiten. Für den Auftakt eines exklusiven Menüs können Sie wählen zwischen verlockenden Entrées – kalt oder warm – wie zum Beispiel Broccoli-Terrine mit Kräutersauce oder Schalotten mit Rotweinglace und Paprika-Zucchini-Brunoise, feinen, leichten Suppen wie Paprikaschaum mit Ziegenfrischkäse oder einer klaren Tomatensuppe mit Mozzarella-Ravioli. Und auch der Hauptgang läßt sich vielseitig gestalten: Feine Nudelgerichte, natürlich mit selbstgemachten Teigwaren, wie zum Beispiel Pfifferling-Cannelloni mit Lauch, Kreationen mit Getreide wie Timbale von Bali-Reis mit Currysauce. Probieren Sie die köstliche Gemüsepaella mit Tomatenragout, das Petersiliensabayon mit pochiertem Wachtelei oder den Spargel in Blätterteig mit Safransauce – Sie werden begeistert sein.

Der krönende Abschluß darf natürlich auch bei einem vegetarischen Menü nicht fehlen. Lassen Sie sich verführen von Kumquatkompott mit Vanilleeis, Mandelcreme auf Himbeersauce oder Baumkuchenschnitten mit Kiwis und Weinschaum.

Wie abwechslungsreich die anspruchsvolle vegetarische Küche sein kann, beweisen schon die brillanten Farbfotos bei jedem Rezept, die eigens für diesen Band fotografiert wurden und Anregungen für das Anrichten und Dekorieren geben. Etwas schwierigere Rezepte, wie zum Beispiel die Zubereitung eines zarten Blätterteiges, haben wir in Schritt-für-Schritt-Abbildungen für Sie festgehalten, damit auch das gut gelingt.

Die Rezepte selbst sind so ausführlich beschrieben, daß Ihnen die Zubereitung sicher keinerlei Schwierigkeiten bereiten wird. Alles, was Ihnen vielleicht noch nicht so vertraut ist, wie zum Beispiel das Klären von Butter oder das Tournieren von Gemüse, finden Sie in »Mein Küchenwissen« ausführlich beschrieben.

Wenn Sie dann noch darauf achten, immer nur beste Qualität einzukaufen, ist Ihnen der Erfolg beim Nachkochen der Rezepte sicher. Laden Sie Ihre Freunde zu Ihrer persönlichen 3-Sterne-Küche ein.

Und nun viel Spaß beim Kochen und guten Appetit!

Mein besonderer Dank gilt meiner Frau, Elfriede Winkler, die bei der Entstehung des Buches wesentlich beteiligt war.

Für die tatkräftige Mitwirkung bei den Vorbereitungen zu diesem Buch bedanke ich mich auch bei meinen langjährigen Mitarbeitern:

Werner Licht, Sous Chef
Erwin Fürstauer, Chef Poissonier
Martin Schmälzle, Chef Patissier
Heinz Beck, Chef Gardemanger

Außerdem sind zu nennen:
Stefan Nels
Frank Buchholz
Bernhardt Güth
Marion Müller
Frank Schicker
Christian Schmehling
Günther Schleritzko
Mario Ramsberger
Marcel Schmook
Volker Hintz

Heinz Winkler

Wer sich für gutes Essen interessiert, der kennt Heinz Winkler sicherlich, zählt er doch zu den wenigen Köchen Deutschlands, die vom »Michelin Gastronomique« mit drei Sternen ausgezeichnet wurden. Als jüngster Koch aller Zeiten erhielt er diese Auszeichnung mit nur 31 Jahren und bekam sie bis zum heutigen Tag 14mal verliehen. Ursprünglich stammt Heinz Winkler aus Brixen in Südtirol. Nach der Ausbildung in Bozen erntete er seine ersten Lorbeeren in namhaften Hotels und Restaurants in Deutschland, Italien, Frankreich und der Schweiz, unter anderem im Schloßhotel Pontresina. 1978 ging er zu Paul Bocuse, dem unbestrittenen Meister der »Haute Cuisine«, in die Lehre und übernahm im selben Jahr das Restaurant »Tantris« in München – ein großer gastronomischer Erfolg, ebenso wie sein 1987 auf Mallorca eröffnetes Gourmetlokal. Seit 1991 leitet er die »Residenz Heinz Winkler« in Aschau im Chiemgau, eine der weltweit renommiertesten Adressen für höchste Gaumenfreuden. Für seine Verdienste um das Ansehen der deutschen Gastronomie in der Welt wurde Heinz Winkler als erster Koch in Deutschland im Mai 2003 mit dem Bundesverdienstkreuz ausgezeichnet.

Nach den Geheimnissen seiner Kochkunst befragt, stellt Heinz Winkler dieselben in Abrede. Gut zu kochen ist keine Hexerei, sagt er, sondern erfordert vor allem Übung und natürlich ein fundiertes Wissen über das, was beim Kochen geschieht. Und die wichtigsten Grundtechniken, zum Beispiel, wie man eine Sauce reduziert, bis sie wunderbar cremig ist, wie man Butter klärt oder Läuterzucker herstellt, das verrät Heinz Winkler in diesem Kochbuch.
Ein weiterer wichtiger Punkt beim Kochen sind die Zutaten. Denn wer versucht, aus einem Gemüse von minderer Qualität ein gutes Gericht zu kochen, der wird enttäuscht werden. Ihm bliebe nur noch übrig, den kaum vorhandenen Geschmack dadurch wettzumachen, daß er das Gericht durch ein kräftiges Gewürz oder eine andere Zutat mit viel Aroma aufwertet. Und das entspricht Heinz Winklers »Küchenphilosophie« ganz und gar nicht. Ihm ist es wichtig, den Eigengeschmack der Hauptzutat hervorzuheben und durch die restlichen Beigaben nur zu intensivieren oder abzurunden. Heinz Winkler weist also immer wieder darauf hin, daß die Kochkunst schon beim Einkauf anfängt, und daß man sich nicht von den Augen täuschen lassen, sondern auch mit der »Nase« auswählen sollte.

Ein wunderschön geformter, gleichmäßig roter Apfel ist zwar hübsch anzusehen, hat aber oftmals viel weniger Geschmack als einer, der vielleicht nicht so regelmäßig glatt ist, dafür aber wunderbar duftet.
Auch wenn Heinz Winkler die gesunde Ernährung seiner Gäste sehr am Herzen liegt, steht doch nach wie vor der kulinarische Aspekt an erster Stelle. Seine Devise lautet: »Die Menschen möchten gesund und leicht essen, vor allem aber genießen und sich wohl fühlen.« Und diese beiden Aspekte verbindet er in seinen Kreationen auf äußerst anspruchsvolle Weise. Alle Gerichte in diesem Buch schmecken einfach wunderbar, und man ernährt sich gesund, fast ohne es zu bemerken.
So berücksichtigt Heinz Winkler mit diesem Buch die Anforderungen unserer Zeit, nämlich bewußter mit der Natur und ihren Produkten umzugehen. Das Ergebnis spricht für sich selbst.

Heinz Winkler

Mein Küchenwissen

Damit Ihnen alle Gerichte gut gelingen, finden Sie hier einige Handgriffe, Garmethoden und andere wichtige Dinge rund ums anspruchsvolle Kochen erläutert.

Aceto balsamico
Dieses italienische Produkt ist ein besonders milder Essig aus Traubenmost. Je älter er ist, desto milder schmeckt er.

Agar-Agar
Wenn in den Gerichten Gelatine verwendet wird, können Sie statt dessen auch Agar-Agar verwenden. Es wird aus einer asiatischen Rotalgenart hergestellt und hat eine 6–10mal stärkere Bindung als Gelatine. Agar-Agar können Sie in asiatischen Feinkostgeschäften, Naturkostläden und Reformhäusern kaufen.

Alkohol reduzieren
Wenn Sie für die Gerichte beispielsweise reduzierten Weißwein, Portwei oder Madeira benötigen, nehmen Sie immer das Doppelte der angegebene Menge und kochen die Flüssigkeit in einem Topf bei starker Hitze auf die Hälfte ein.

Auf Eis kühlen
Damit eine Flüssigkeit schneller abkühlt, gebe ich in eine mit kaltem Wasser gefüllte Schüssel einige Eiswürfel und stelle die Mousse oder das Gelee hinein.

Blind backen
Wenn Teige ohne Belag vorgebacken werden, belegt man den Teig, der vorher mit einem entsprechend großen Blatt Pergamentpapier bedeckt wird, mit einer dicken Schicht Hülsenfrüchte, damit er während des Backens keine Blasen wirft. Nach dem Backen die Hülsenfrüchte wieder entfernen.

Crème double
Sie stammt aus Frankreich und ist eine dicke süße Sahne mit einem besonders hohen Fettgehalt von etwa 45%.

Eiweiß schlagen
Eiweiß sollten Sie immer cremig und nicht zu steif schlagen. Der Eischnee verbindet sich dann besser mit den übrigen Zutaten.

Geklärte Butter
Um geklärte Butter zu erhalten, die Butter bei schwacher Hitze in einer Kasserolle schmelzen, aber nicht braun werden lassen. Den Schaum abschöpfen. Dann die Butter vorsichtig in ein anderes Gefäß umgießen. Der weißliche Belag, der sich auf dem Topfboden gesammelt hat, soll zurückbleiben.

Mehlieren
Dies bedeutet, daß die Zutaten in Mehl gewendet werden. Anschließend das überschüssige Mehl gut abklopfen.

Passiertuch
Durch dieses Tuch werden Flüssigkeiten wie zum Beispiel Saucen gegossen, um auch die feinsten Bestandteile zurückzuhalten. Wenn Sie kein Passiertuch haben, können Sie auch ein Sieb mit einem Küchentuch auslegen und die Flüssigkeit durchgießen. Das Passieren dauert dann allerdings länger.

Saucen aufschlagen
Feine Saucen werden mit eiskalter Butter gebunden. Damit man nicht soviel Butter braucht, gebe ich sie im Stück mit Kühlschranktemperatur an die Sauce und lasse sie verkochen. Dann schlage ich die Sauce im Mixer bei höchster Stufe auf.

Saucen einkochen
Wie bei reduziertem Alkohol werden auch Saucen bei starker Hitze auf die gewünschte Konsistenz eingekocht.

Spiegel gießen
Beim Anrichten heißt es oft, einen Spiegel gießen. Dies bedeutet, daß die innere Tellerfläche mit der Sauce oder Vinaigrette ausgegossen wird.

Terrinen schneiden
Dies ist nicht ganz einfach und geht deshalb am besten mit einem Elektromesser. Wenn Sie keines besitzen, brauchen Sie ein sehr scharfes Messer mit dünner Klinge, das Sie vor jeder Scheibe in Wasser tauchen sollten. Außerdem gleichmäßig, aber nicht mit zuviel Druck schneiden, sonst drückt es die einzelnen Schichten wieder auseinander.

Tournieren
Dies bedeutet, daß Gemüse mit einem Spezialmesser in gleichmäßige, hübsche Formen (zum Beispiel olivenförmig) zurechtgeschnitten wird.

Trüffeljus
Dies ist konzentrierter Trüffelsaft, den Sie in gut sortierten Feinkostgeschäften in Dosen kaufen können. Er verfeinert Vinaigrettes, aber auch andere Gerichte.

Entrées

Den passenden Auftakt eines Vegetarischen Menüs brauchen Sie in diesem Kapital nicht lange zu suchen. Sie können sich entscheiden für kalte oder warme Vorspeisen, und wenn Sie einmal ein ganz besonders feines Menü servieren möchten, wählen Sie eine kalte Vorspeise und nach der Suppe noch etwas Warmes als raffiniertes Zwischengericht.

Broccoli-Terrine mit Kräutersauce

Broccoli schmeckt ähnlich wie Blumenkohl, aber noch aromatischer und intensiver. Zubereiten und servieren können Sie ihn, wie Sie es von Blumenkohl kennen.

	Für 6 Personen:
1	*Terrinenform von 15 cm Länge, 6 cm Breite, 7 cm Höhe*
	Für die Terrine:
1 kg	*Broccoli*
	Salz
1 Teel.	*Zucker*
300 g	*Blumenkohl*
1/4	*unbehandelte Zitrone*
7	*Blatt Gelatine*
1/2 l	*Gemüsebrühe (Rezept Seite 54)*
	frisch gemahlener weißer Pfeffer
2	*Tomaten*
1 Teel.	*Butter*
	Für die Kräutersauce:
je 1 Eßl.	*Petersilie, Kerbel und Estragon, fein gehackt*
je 1 Teel.	*Basilikum, Brennesseln und Sauerampfer, fein gehackt*
2	*Eigelb*
1	*Messerspitze Senf*
1/4 l	*Sonnenblumenöl*
	Salz
	frisch gemahlener weißer Pfeffer
1 Teel.	*Estragonessig*
1 Eßl.	*Gemüsebrühe (Rezept Seite 54)*
	Arbeitsaufwand:
	etwa 1 1/4 Stunden
	Garzeit:
	etwa 15 Minuten
	Kühlzeit:
	etwa 2 Stunden

1. Den Broccoli waschen, die Röschen dicht am Stiel abschneiden. Die oberen zwei Drittel der Stiele schälen, diese dann der Länge nach halbieren.

2. Etwa 2 l Wasser zum Kochen bringen, salzen und den Zucker dazugeben. Die Stiele darin etwa 3 Minuten kochen lassen. Dann die Röschen hinzufügen und alles nochmals 2–3 Minuten garen, bis es bißfest ist.

3. Inzwischen eine Schüssel mit kaltem Wasser und 10–15 Eiswürfeln füllen. Den Broccoli mit einem Schaumlöffel aus dem Kochwasser heben und sofort ins Eiswasser geben. Dadurch gart er nicht nach und behält die grüne Farbe.

4. Den Blumenkohl waschen und die Röschen abschneiden (es sollen 200 g sein).

5. 1 l Wasser mit Salz und dem Zitronenviertel aufkochen. Die Zitrone im Kochwasser hält den Blumenkohl schön weiß. Den Blumenkohl im Wasser in etwa 3 Minuten bißfest kochen.

6. Den Blumenkohl ebenfalls ins Eiswasser legen. Nach etwa 2 Minuten beide Gemüse abgießen und zum Abtropfen auf ein Küchentuch legen. Einige Röschen zum Garnieren beiseite legen. Die Gelatine einweichen.

7. Die Gemüsebrühe erhitzen und mit Salz und Pfeffer kräftig abschmecken. Die Gelatine darin auflösen. Das Gelee zum Abkühlen auf Eis stellen, aber nicht fest werden lassen. Dabei mehrmals umrühren.

8. In einem Topf 1/2 l Wasser aufkochen. Die Tomaten 1–2 Minuten einlegen. Dann herausnehmen, häuten, vierteln und die Kerne entfernen.

9. Die Butter aufschäumen lassen. Die Tomaten darin etwa 1 Minute dünsten. Mit Salz und Pfeffer würzen und zum Garnieren beiseite stellen.

10. Den Boden der Terrinenform etwa 3 mm dick mit dem noch flüssigen Gelee ausgießen. Etwa 5 Minuten zum Erstarren kühlstellen.

11. Die Gemüse farblich abwechselnd in die Form schichten. Dazu die Gemüse immer erst in wenig flüssiges Gelee tauchen und auf die erstarrte Geleeschicht auflegen. Die Form zwischendurch für etwa 3 Minuten in den Kühlschrank stellen. Den Abschluß bildet eine Geleeschicht. Die Terrine für etwa 2 Stunden in den Kühlschrank stellen.

12. Kurz vor dem Servieren für die Sauce alle Kräuter mit 1 Eßlöffel Wasser im Blitzhacker fein mixen.

13. Die Eigelbe und den Senf in einer Schüssel verrühren. Das Öl langsam dazugeben und alles zu einer Mayonnaise aufschlagen. Mit Salz und Pfeffer würzen, zuletzt den Essig, die Brühe und die Kräuter untermischen.

14. Die Terrinenform kurz in heißes Wasser tauchen, die Terrine stürzen und mit dem Elektromesser in 1–1 1/2 cm dicke Scheiben schneiden.

15. Die Scheiben auf gekühlten Tellern anrichten, mit der Kräutersauce umkränzen und mit dem Gemüse garnieren.

Mein Tip:

Es ist wichtig, daß Sie die Gemüse vor dem Einschichten leicht in Gelee tauchen, da die Terrine sonst beim Schneiden auseinanderfällt.

Blattsalate mit pochierten Wachteleiern und Dillsauce

Für die Sauce sollten Sie vom Dill nur die feingefiederten Blätter nehmen. Zur Blütezeit ist er am würzigsten.

Für 4 Personen:	
100 g	*Crème fraîche*
50 g	*Crème double*
2 Eßl.	*Sahne*
	Salz
	frisch gemahlener weißer Pfeffer
	Saft von
1/2	*Zitrone*
1	*kleines Bund Dill*
50 g	*Roquettesalat (Rucola)*
50 g	*Friséesalat*
1 kleiner	*Kopf Lollo rosso*
1 Eßl.	*Aceto balsamico*
1 Eßl.	*Sherryessig*
3 Eßl.	*Olivenöl*
1 Teel.	*Essig*
12	*Wachteleier*
	etwas Kerbel
4	*Cherrytomaten*
Arbeitsaufwand:	
	etwa 40 Minuten
Garzeit:	
	etwa 10 Minuten

1. Die Crème fraîche mit der Crème double und der Sahne in einer Glasschüssel cremig rühren, mit Salz und Pfeffer würzen. Zitronensaft nach Geschmack dazugeben. Den Dill von den Stielen zupfen, waschen, gut ausdrücken und fein schneiden. Den Dill unter die Sauce mischen.

2. Alle Salatsorten in die Blätter teilen, in Stücke von etwa 3 cm Länge schneiden, gründlich waschen und in einer Salatschleuder trockenschleudern.

3. Den Aceto balsamico und den Sherryessig mit Salz und Pfeffer in einer Schüssel gut verrühren. Das Olivenöl unterschlagen.

4. In einem Topf etwa 1 l Wasser aufkochen. Den Essig hinzufügen und die Temperatur reduzieren. Die Eier in einer Tasse einzeln aufschlagen.

5. Nun die Eier nach und nach vorsichtig in das nicht mehr kochende Wasser gleiten lassen und mit Hilfe eines Kochlöffels in Form halten. Die Wachteleier in etwa 2 Minuten gar ziehen lassen.

6. Die pochierten Eier mit einem Schaumlöffel aus dem Topf nehmen, auf Küchenkrepp legen und mit einer Schere in Form schneiden.

7. Die Salatstücke in die Marinade geben und vorsichtig unterziehen.

8. Die Blattsalate auf Tellern anrichten. Pro Person 3 Wachteleier darauf setzen und mit Dillsauce überziehen. Die Portionen mit einigen Kerbelblättern und je 1 Cherrytomate garnieren.

Mein Tip:

Die pochierten Eier mit Dillsauce sind ein Grundrezept, das Sie auch mit anderen Zutaten kombinieren können. Statt der Blattsalate schmecken zum Beispiel auch Kartoffelküchlein. Für den Teig brauchen Sie 500 g gekochte und zerdrückte Kartoffeln, 1 Ei, Salz, Pfeffer und Muskat. Aus der Masse kleine Küchlein formen und in heißem Öl von beiden Seiten goldbraun braten.

Mais-Tomaten-Komposition

Eine farblich ansprechende Terrine, die leicht zuzubereiten ist.

	Für 6 Personen:
1	*Terrinenform von 15 cm Länge, 6 cm Breite, 7 cm Höhe*
600 ml	*Milch*
	Salz
	frisch gemahlener weißer Pfeffer
	etwas geriebene Muskatnuß
190 g	*Butter*
150 g	*Maismehl*
6	*Fleischtomaten*
100 g	*Spinatblätter*
4	*junge Maiskolben (ergeben etwa 80 g Körner)*
200 g	*Sahne*
2 Eßl.	*alter Aceto balsamico*
1 Eßl.	*Sherryessig*
3 Eßl.	*Olivenöl*
50 g	*Roquettesalat (Rucola)*
	Arbeitsaufwand:
	etwa 50 Minuten
	Garzeit:
	etwa 25 Minuten
	Kühlzeit:
	etwa 1 1/2 Stunden

1. Den Backofen auf 220° vorheizen.

2. Die Milch in einem Topf mit Salz, Pfeffer und wenig Muskat (etwa 2 Reiben) aufkochen.

3. 40 g Butter und das Maismehl mit dem Schneebesen zügig einrühren. Die Polenta von der Kochstelle nehmen, zugedeckt in den Backofen auf den Rost stellen und etwa 25 Minuten garen.

4. Inzwischen in einem Topf 1 l Wasser aufkochen. Die Tomaten für 1–2 Minuten einlegen, herausnehmen und in Eiswasser abschrecken. Die Tomaten häuten, vierteln und die Kerne entfernen.

5. 10 g Butter in einer Sauteuse erhitzen und die Viertel von 4 Tomaten darin etwa 1 Minute andünsten. Mit Salz und Pfeffer würzen und zur Seite stellen.

6. Zum Blanchieren der Spinatblätter etwa 3/4 l Salzwasser zum Kochen bringen. Den Spinat putzen und waschen, dann in dem Salzwasser etwa 1 Minute blanchieren. Die Blätter durch ein Sieb abgießen und sofort in Eiswasser geben. Die Blätter dann gut abtropfen lassen und einzeln auf einem Küchentuch ausbreiten.

7. Die Maiskörner vorsichtig mit einem Messer von den Kolben schneiden. 50 g Butter in einer Sauteuse erhitzen. Nach etwa 1 Minute ist sie hellbraun und hat einen nussigen Geschmack. Die Maiskörner sofort dazugeben, die Kochstelle abschalten. Den Mais mit Salz würzen und die Sauteuse mehrmals schwenken. Die Maiskörner auf Küchenkrepp legen.

8. Die gegarte Polenta aus dem Backofen nehmen und mit einer Gabel auflockern. 80 g Butter in kleine Stücke schneiden und mit der Sahne unter die Polenta mischen. Die Masse abschmekken und lauwarm abkühlen lassen. Dabei immer wieder durchrühren.

9. In der Zwischenzeit die Terrinenform mit der restlichen Butter auspinseln und 2–3 Minuten in den Kühlschrank stellen.

10. Nun die Zutaten lagenweise in die Form einschichten: Auf dem Terrinenboden etwa 1 cm hoch Polenta verteilen und glattstreichen. Eine Lage Spinatblätter auflegen und ganz dünn mit Polenta bestreichen. Nun eine Schicht gedünstete Tomatenviertel einlegen, wieder ganz dünn Polenta aufstreichen und nochmals mit einer Lage Spinatblättern belegen. 2 Eßlöffel Polenta mit den Maiskörnern mischen und auf die Spinatlage geben. Die restlichen Zutaten wie beschrieben einfüllen, mit einer Schicht Polenta abschließen. Diese gut glattstreichen.

11. Die Terrine etwa 1 1/2 Stunden in den Kühlschrank stellen.

12. Für die Vinaigrette den Aceto balsamico mit dem Sherryessig, Salz und Pfeffer verrühren. Das Olivenöl unterschlagen. Die restlichen 2 Tomaten würfeln. Den Salat waschen.

13. Die Terrinenform kurz in heißes Wasser tauchen, die Terrine auf ein Holzbrett stürzen. Die Terrine mit dem Elektromesser in etwa 1 1/2 cm dicke Scheiben schneiden und auf Teller legen. Den Salat durch die Vinaigrette ziehen, die Tomatenwürfel mit der Vinaigrette mischen. Die Terrine damit garnieren.

Pfifferlingtatar mit Artischocken und Spargel

Für dieses Gericht benötigen Sie nur die Artischockenböden. Die Blätter können Sie beispielsweise für eine Vorspeise mit Tomaten-Vinaigrette verwenden. Am besten schmecken Artischocken aus Südfrankreich.

Für 4 Personen:	
2	*Artischocken*
1/2 l	*Gemüsebrühe (Rezept Seite 54)*
3 Eßl.	*Olivenöl*
1 Teel.	*Estragonessig*
	Saft von
1/2	*Zitrone*
	Salz
	frisch gemahlener weißer Pfeffer
6	*Stangen weißer Spargel*
2 Eßl.	*Zitronensaft*
1	*Prise Zucker*
1	*Scheibe Weißbrot*
450 g	*Pfifferlinge*
1 Teel.	*Himbeeressig*
50 g	*Roquettesalat (Rucola)*
1 Eßl.	*Rotweinessig*
1 Eßl.	*Aceto balsamico*
Arbeitsaufwand:	
	etwa 1 Stunde
Garzeit:	
	etwa 30 Minuten

1. Von den Artischocken die Stiele entfernen, die Blätter abschneiden. In einem Topf die Gemüsebrühe mit 1 Eßlöffel Olivenöl, dem Estragonessig und dem Saft der halben Zitrone zum Kochen bringen, mit Salz und Pfeffer würzen.

2. Von den Artischockenböden mit einem Löffel das Heu (innere Haare) ausstechen. Die Böden sofort in die kochende Brühe geben, damit sie sich nicht verfärben, dann in 10–15 Minuten bei starker Hitze garen.

3. Die Artischockenböden aus der Brühe nehmen und zum Abkühlen beiseite stellen. Dann in feine Scheiben schneiden.

4. Den Spargel so sorgfältig schälen, daß keine Fäden daranbleiben. Die Enden abschneiden. Etwa 1/2 l Wasser mit den 2 Eßlöffeln Zitronensaft, Salz, dem Zucker sowie dem Weißbrot zum Kochen bringen.

5. Den Spargel in das kochende Wasser geben und je nach Stärke der Stangen in 8–10 Minuten bißfest kochen.

6. Den Spargel mit einem Schaumlöffel herausheben, auf ein Tuch legen und gut abtropfen lassen. Die Stangen dann in etwa 4 cm lange Stücke schneiden.

7. Die Pfifferlinge mit einem trockenen Tuch abreiben, bis sie sauber sind. Die Pilze dann in kleine Würfel schneiden.

8. Eine Sauteuse erhitzen. Die Pfifferlinge mit Salz, Pfeffer und dem Himbeeressig in die Sauteuse geben und bei starker Hitze etwa 2 Minuten sautieren. Durch die starker Hitze erreichen Sie, daß die Pilze keinen Saft ziehen. Die Pfifferlinge von der Kochstelle nehmen und abkühlen lassen.

9. Den Roquettesalat putzen, waschen und trockenschleudern.

10. In einer Glasschüssel die beiden Essigsorten mit Salz und Pfeffer glattrühren. Das restliche Olivenöl unterschlagen.

11. Das Pfifferlingtatar in die Mitte von Tellern setzen. Den Salat mit der Marinade mischen und rund um das Tatar anordnen. Die Spargelstücke und die Artischockenscheiben auf den Salat legen.

Mein Tip:

Wenn Sie keine Artischocken bekommen, nehmen Sie statt dessen 1 Avocado. Diese halbieren, vom Kern befreien, schälen und das Fruchtfleisch in kleine Würfel schneiden.

Komposition von Fenchel- und Tomatenmousse mit Broccoli

Zu dieser Terrine paßt Feldsalat gut.

Für 6 Personen:	
1	*Terrinenform von 15 cm Länge, 6 cm Breite, 7 cm Höhe*
Für den Broccoli:	
400 g	*Broccoli*
300 ml	*Gemüsebrühe (Rezept Seite 54)*
	Salz
Für die Fenchelmousse:	
250 g	*Fenchel*
25 g	*Butter*
200 ml	*Gemüsebrühe (Rezept Seite 54)*
100 g	*Sahne*
2 1/2	*Blatt Gelatine*
	Salz, weißer Pfeffer
30 g	*geschlagene Sahne*
Für die Tomatenmousse:	
250 g	*Tomaten*
25 g	*Butter*
1 Eßl.	*Noilly Prat (trockener französischer Wermut)*
	Salz, weißer Pfeffer
1 Prise	*Zucker*
2 1/2	*Blatt Gelatine*
2 Eßl.	*geschlagene Sahne*
Für die Vinaigrette:	
1	*Schalotte*
4 Eßl.	*Wasser*
je 1 Eßl.	*Rotwein- und Estragonessig*
	Salz, weißer Pfeffer
4 Eßl.	*Olivenöl*
je 1 Teel.	*Petersilie, Kerbel, Basilikum und Schnittlauch, fein geschnitten*
Arbeitsaufwand:	
	etwa 50 Minuten
Garzeit:	
	etwa 25 Minuten
Kühlzeit:	
	etwa 1 Stunde

1. Die Terrinenform mit Alufolie auslegen und zum Kühlen auf Eis oder in den Kühlschrank stellen.

2. Die Broccoliröschen vom Strunk schneiden und in der Gemüsebrühe in etwa 5 Minuten bei starker Hitze weich kochen (nicht zudecken, sonst wird das Gemüse grau). Die Broccoliröschen abgießen und gut ausdrücken. Die Stiele schälen und ebenfalls in der Gemüsebrühe weich kochen, dann abgießen und in Würfel schneiden.

3. Den Broccoli nun fest aneinandergepreßt auf den Boden derTerrinenform legen und in den Kühlschrank stellen.

4. Den Fenchel putzen, das Fenchelgrün für die Garnitur zur Seite stellen. Die Knollen halbieren, den Strunk keilförmig herausschneiden, das Gemüse in Stücke schneiden und in einem Sieb waschen.

5. In einem Topf die Butter erwärmen, die Hälfte des Fenchels darin etwa 1 Minute dämpfen. 200 ml Gemüsebrühe und die Sahne dazugeben und den Fenchel bei schwacher Hitze in 10–12 Minuten weich kochen. Inzwischen die Gelatine in kaltem Wasser einweichen.

6. Den Fenchel mit dem Sud im Mixer zerkleinern, dann durch ein Sieb streichen. Mit Salz und Pfeffer würzen. Die ausgedrückte Gelatine darin auflösen. Die geschlagene Sahne unterheben.

7. Für die Einlage den restlichen Fenchel in feine Würfel schneiden.

8. Die restliche Gemüsebrühe aufkochen, die Fenchelwürfel darin bißfest kochen. Dann durch ein Sieb schütten und ausdrücken. Das geht am besten, wenn Sie das gegarte Gemüse auf ein Küchentuch legen und mit einem anderen Küchentuch die Flüssigkeit herausdrücken. Die Würfel unter die Fenchelmousse mischen.

9. Diese Masse auf den gut gekühlten Broccoli streichen und zum Erstarren in den Kühlschrank stellen.

10. Für die Tomatenmousse die Tomaten vierteln, entkernen und in einem Topf mit der Butter etwa 5 Minuten verkochen. Mit dem Noilly Prat, Salz, Pfeffer und dem Zucker abschmecken und anschließend durch ein Sieb streichen. Die Gelatine einweichen.

11. Das Tomatenpüree im Mixer aufschlagen. Die gut ausgedrückte Gelatine darin unter Rühren auflösen. Das Püree abkühlen lassen. Die geschlagene Sahne unterheben.

12. Die Tomatenmousse über die erstarrte Fenchelmousse streichen. Die Terrine zum endgültigen Festwerden noch etwa 1 Stunde in den Kühlschrank stellen.

13. Kurz vor dem Servieren für die Kräuter-Vinaigrette die Schalotte in feine Würfel schneiden. In einer Glasschüssel das Wasser mit den beiden Essigsorten gut verrühren. Mit Salz und Pfeffer abschmecken. Das Öl unterschlagen. Die feingeschnittenen Kräuter und die Schalotte untermischen.

14. Die Terrinenform kurz in heißes Wasser tauchen. Die Terrine stürzen und mit dem Elektromesser in etwa 1 1/2 cm dicke Scheiben schneiden.

15. Die Kräuter-Vinaigrette auf Teller verteilen, die Terrinenscheiben auflegen und mit Fenchelgrün garnieren.

Terrine von Tamarillo

Im Sommer ist die Terrine ein kühles, erfrischendes Gericht.

	Für 6 Personen:
1	Terrinenform von 15 cm Länge,
	6 cm Breite, 7 cm Höhe
	Für die Grundmasse:
500 g	Tamarillos
1/2 l	Gemüsebrühe (Rezept Seite 54)
2	Eiweiß
10	Blatt Gelatine
80 g	Läuterzucker
	(siehe nebenstehender Text)
	Salz
1 Eßl.	Estragonessig
	Für die Einlage:
200 g	Auberginen
	Salz
	frisch gemahlener weißer Pfeffer
1 Teel.	Aceto balsamico
ca. 2 Eßl.	Mehl
1 Teel.	Olivenöl
200 g	Tamarillos
100 g	Butter
200 g	grüne Paprikaschoten
	Für die Vinaigrette:
1 Eßl.	Rotweinessig
1 Eßl.	Aceto balsamico
	Salz
	frisch gemahlener weißer Pfeffer
4 Eßl.	Olivenöl
	Arbeitsaufwand:
	etwa 50 Minuten
	Garzeit:
	etwa 15 Minuten
	Kühlzeit:
	etwa 2 Stunden

Tamarillos oder Baumtomaten sind längliche, spitz zulaufende Früchte mit oranger bis roter Schale. Die hübschen Exoten stammen ursprünglich aus Südamerika und werden heute hauptsächlich in Indien, Afrika, Neuseeland und Kalifornien angebaut.
Kaufen können Sie Tamarillos das ganze Jahr über in gut sortierten Feinkostgeschäften und auf großen Märkten. Sehr reife Tamarillos kann man roh essen, meist werden sie jedoch gegart serviert, da sie roh leicht bitter schmekken. Deshalb gibt man auch bei der Zubereitung Läuterzucker hinzu, um ihnen die Bitterstoffe zu entziehen.
Läuterzucker können Sie selbst herstellen. Dafür 500 g Zucker mit 1/2 l Wasser in einem Topf zum Kochen bringen und etwa 5 Minuten kochen lassen. Diesen Sirup können Sie gut auf Vorrat zubereiten und aufbewahren.

Gehäutet werden Tamarillos wie Tomaten, indem man sie in kochendes Wasser legt, kalt abschreckt und anschließend die Haut abzieht.
Bei der Zubereitung dieser Terrine ist es sehr wichtig, daß Sie die Form im Gefrierfach gut kühlen, da auch die Wände der Form mit Gelee ausgegossen werden. Wenn die Form nicht gekühlt ist, bleibt das noch flüssige Gelee nicht an den Wänden haften.
Bei der Garnitur können Sie Ihre Phantasie spielen lassen. So schmeckt zum Beispiel Roquettesalat (Rucola), den Sie vor dem Servieren durch die Vinaigrette ziehen. Auch Kerbel paßt sehr gut zu der Terrine.
Bei der Zubereitung einer Vinaigrette ist es übrigens sehr wichtig, daß Sie erst den Essig mit den Gewürzen mischen und das Öl erst zum Schluß unterschlagen. Die Zutaten verbinden sich sonst nicht richtig.

1. Die Tamarillos waschen, vom Strunk befreien, in grobe Stücke schneiden und mit der Gemüsebrühe mixen. Das Püree in einen Topf geben, mit den Eiweißen verrühren und einmal aufkochen. Das Püree von der Kochstelle nehmen und 20 Minuten ziehen lassen. Die Gelatine einweichen.

2. Die Tamarillomasse durch ein Sieb gießen, die ausgedrückte Gelatine darin auflösen. Die Masse auf Eis abkühlen, aber nicht fest werden lassen. Dabei immer wieder umrühren. Die Masse mit dem Läuterzucker, Salz und dem Estragonessig würzen.

3. Die Auberginen schälen, der Länge nach in 2 mm dünne Scheiben schneiden. Mit Salz, Pfeffer und dem Aceto balsamico würzen, beide Seiten leicht mehlieren. Das Öl in einer Pfanne erhitzen und die Scheiben darin bei mittlerer Hitze von beiden Seiten goldgelb braten. Auf Küchenkrepp abkühlen lassen.

4. 1 l Wasser aufkochen. Die Tamarillos 2 Minuten einlegen, herausnehmen, abschrecken und häuten. Dann vierteln und die Kerne entfernen. 50 g Butter in einer Sauteuse erwärmen. Die Tamarillos einlegen, salzen, pfeffern und bei mittlerer Hitze etwa 2 Minuten garen. Auf Küchenkrepp abkühlen und abtropfen lassen.

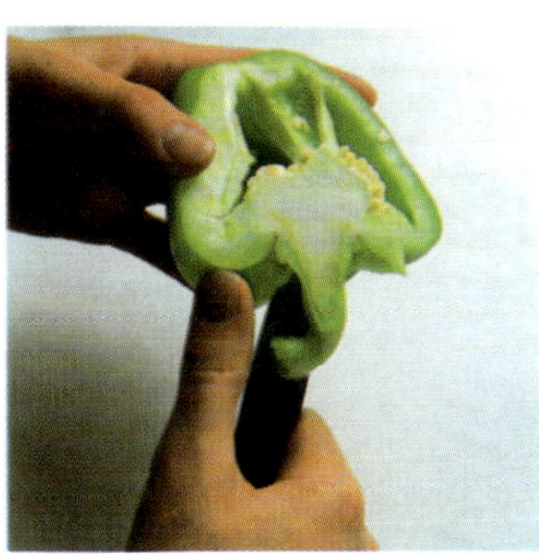

5. Die Paprikaschoten der Länge nach durchschneiden, den Strunk und die Kerne entfernen. Die Paprikahälften auf ein Backblech legen und für etwa 2 Minuten unter den heißen Grill schieben, bis sie leicht gebräunt sind. Die Terrinenform im Gefrierfach gut kühlen.

6. Eine Schüssel mit 1 l Eiswasser füllen. Die Schoten darin abkühlen, häuten. Die Schoten auf Küchenkrepp legen, salzen. Die restliche Butter in einer Sauteuse aufschäumen, die Schoten darin 2 Minuten bei schwacher Hitze garen. Auf Küchenkrepp abkühlen lassen.

7. Den Boden und die Wände der Terrinenform etwa 3 mm dick mit dem noch flüssigen Gelee ausgießen und etwa 5 Minuten im Kühlschrank anziehen lassen.

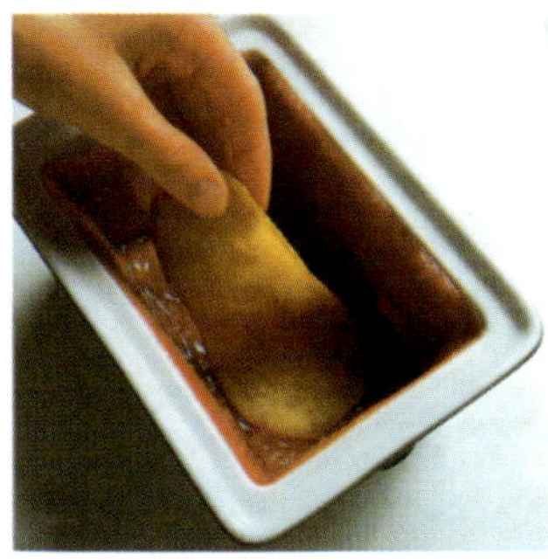

8. Die Auberginen, die Tamarilloviertel und die Paprikahälften abwechselnd in die Terrinenform legen. Dabei immer eine dünne Schicht Gelee aufstreichen, die Form jeweils 3–5 Minuten in den Kühlschrank stellen, bis das Gelee erstarrt ist. Die letzte Schicht soll Gelee sein. Die Terrine etwa 2 Stunden kühlen.

9. Für die Vinaigrette in einer Glasschüssel die beiden Essigsorten mit Salz und Pfeffer verrühren. Das Öl unterschlagen. Die Terrinenform kurz in heißes Wasser tauchen. Die Terrine auf ein Brett stürzen und mit dem Elektromesser in etwa 1 cm dicke Scheiben schneiden.

10. Zum Servieren jeweils etwas Vinaigrette auf die Teller verteilen. Die Terrinenscheiben darauf legen.

Pfifferlingterrine

Das Schneiden von Terrinen ist nicht ganz einfach. Nehmen Sie dafür am besten ein Elektromesser, das Ihnen in der Küche auch andere gute Dienste leistet.

	Für 6 Personen:
1	*Terrinenform von 15 cm Länge, 6 cm Breite, 7 cm Höhe*
600 g	*Pfifferlinge*
	Salz
5	*Blatt Gelatine*
	frisch gemahlener weißer Pfeffer
15	*große Spinatblätter*
1 Teel.	*Kerbel, fein gehackt*
1 Teel.	*Petersilie, fein gehackt*
1 Eßl.	*Sherryessig*
2 Eßl.	*Olivenöl*
	Zum Garnieren:
	einige Kerbelblättchen
	Arbeitsaufwand:
	etwa 50 Minuten
	Garzeit:
	etwa 10 Minuten
	Kühlzeit:
	etwa 2 Stunden

1. Die Pfifferlinge von den Stielenden befreien und mit einem feuchten Tuch abwischen. Kleine Pfifferlinge ganz lassen, größere zwei- bis dreimal durchschneiden.

2. Etwa 1/2 l Salzwasser zum Kochen bringen. Die Pilze dazugeben und etwa 5 Minuten bei schwacher Hitze ziehen lassen. Sie sollen nicht kochen, sonst werden sie zu weich.

3. Die Pilze durch ein Sieb gießen, die Garflüssigkeit dabei auffangen. Die Pilze zur Seite stellen.

4. Die Gelatine etwa 3 Minuten in kaltem Wasser einweichen, dann gut ausdrücken und in der noch heißen Garflüssigkeit auflösen. Mit Pfeffer und etwas Salz würzen. Die Masse für etwa 10 Minuten auf Eis stellen und lauwarm abkühlen lassen, dabei mehrmals umrühren.

5. Von den Spinatblättern die Stiele abschneiden. Den Spinat in reichlich Wasser gründlich waschen, dann abtropfen lassen.

6. Etwa 1 l Salzwasser zum Kochen bringen. Den Spinat darin etwa 2 Minuten blanchieren. Die Blätter durch ein Sieb abgießen und sofort in Eiswasser abkühlen. Den Spinat in einem Sieb abtropfen lassen und einzeln nebeneinander auf ein Küchentuch legen.

7. Die Pfifferlinge mit den feingehackten Kräutern unter das noch lauwarme Pilzgelee mischen. Das Gelee auf Eis abkühlen lassen, dabei ab und zu umrühren.

8. Etwa zwei Drittel der Spinatblätter einzeln durch das noch flüssige Pilzgelee ziehen und die Terrinenform damit auslegen. Die Form etwa 20 Minuten in den Kühlschrank stellen.

9. Wenn die Spinat-Geleeschicht erstarrt ist, das abgekühlte, aber noch flüssige Pilzgelee darauf gießen. Das Gelee mit den restlichen Spinatblättern abdecken. Die Terrine für etwa 2 Stunden in den Kühlschrank stellen.

10. In einer Glasschüssel den Essig mit Salz und Pfeffer gut verrühren. Das Öl unterschlagen und die Vinaigrette abschmecken.

11. Die Terrinenform kurz in heißes Wasser tauchen. Die Terrine auf ein Brett stürzen und mit dem Elektromesser in 1 cm dicke Scheiben schneiden.

12. Pro Person 2 Terrinenscheiben auf gekühlte Teller legen und mit der Vinaigrette umkränzen. Die Teller mit Kerbelblättchen garnieren.

Mein Tip:

Sie können die Terrine mit einigen sautierten Pilzen garniert anrichten. Wenn Sie dieses Gericht zu einem erfrischenden Hauptgericht umwandeln möchten, servieren Sie jeweils eine Portion Salat dazu. Dafür 150 g Blattsalate (zum Beispiel Eichblatt-, Frisée- und Eisbergsalat) putzen, in kleine Stücke teilen, gut waschen und trockenschleudern. Eine Marinade aus Rotweinessig, wenig Aceto balsamico, Salz, Pfeffer und Olivenöl herstellen. Die Salate durch die Marinade ziehen und getrennt auf kleinen Tellern anrichten oder neben die Pfifferlingterrine setzen.

Rote Paprikamousse auf Sauce von grünen Paprika

Die besten roten Paprikaschoten kommen aus Spanien oder Griechenland, die besten grünen Schoten aus Holland, da sie nicht bitter schmecken.

Für 6 Personen:	
Für die Mousse:	
500 g	*rote Paprikaschoten*
2	*Blatt Gelatine*
50 g	*Butter*
	Salz
1/4 l	*Gemüsebrühe (Rezept Seite 54)*
1 Teel.	*Noilly Prat*
	(trockener französischer Wermut)
1 Teel.	*Zucker*
70 g	*geschlagene Sahne*
Für die Sauce:	
200 g	*grüne Paprikaschoten*
30 g	*Butter*
	Salz
150 ml	*Gemüsebrühe (Rezept Seite 54)*
1 Teel.	*Noilly Prat*
	(trockener französischer Wermut)
1 Teel.	*reduzierter trockener Weißwein*
Zum Garnieren:	
1/2	*rote Paprikaschote*
ca. 20 g	*Kerbelblätter*
Arbeitsaufwand:	
	etwa 50 Minuten
Garzeit:	
	etwa 20 Minuten
Kühlzeit:	
	etwa 30 Minuten

1. Die roten Paprikaschoten waschen, halbieren, den Strunk herausschneiden und die Kerne entfernen. Die Paprikahälften in grobe Stücke schneiden.

2. Die Gelatine in einer kleinen Schüssel in Wasser einweichen.

3. Die Butter in einer Sauteuse schmelzen lassen. Die Paprikastücke dazugeben, mit Salz würzen und kurz andünsten. Die Gemüsebrühe angießen und die Schoten in etwa 10 Minuten bei mittlerer Hitze gut weich kochen.

4. Die Paprikawürfel mit der Brühe im Mixer gut pürieren und anschließend durch ein Haarsieb streichen.

5. Die Gelatine ausdrücken und in dem noch warmen Püree auflösen. Die Masse mit dem Noilly Prat, dem Zucker und Salz abschmecken. Auf Eis stellen und unter ständigem Rühren abkühlen, bis die Gelatine leicht zu gelieren beginnt.

6. Zuletzt die geschlagene Sahne unterheben. Die Mousse für etwa 30 Minuten in den Kühlschrank stellen.

7. Für die Paprikasauce die grünen Paprikaschoten waschen, halbieren, den Strunk herausschneiden und die Kerne entfernen. Die Paprikahälften in grobe Stücke schneiden.

8. Die Butter in einer Sauteuse schmelzen lassen. Die Paprikastücke dazugeben, mit Salz würzen und andünsten. Die Gemüsebrühe angießen und die Schoten in etwa 10 Minuten bei mittlerer Hitze gut weich kochen.

9. Die Schoten mit der Brühe im Mixer pürieren und anschließend durch ein Haarsieb streichen. In eine Schüssel geben, auf Eis stellen und mit dem Noilly Prat, dem reduzierten Weißwein und Salz abschmecken. Die Sauce abkühlen lassen, dabei häufig umrühren. Für die Garnitur die Paprikahälfte 2–3 Minuten unter den heißen Grill schieben. Dann kalt abschrecken, häuten und in kleine Würfel schneiden.

10. Die rote Paprikamousse vor dem Anrichten nochmals gut durchschlagen.

11. Zum Servieren mit einem feuchten Teelöffel von der roten Mousse Nokken abstechen und auf kleine Teller geben. Die Nocken mit der Paprikasauce umgießen und mit kleinen Kerbelblättchen und den Paprikawürfeln garnieren.

Lauch-Trüffel-Terrine auf Linsensprossen

Linsensprossen können Sie fertig gekeimt frisch in Reformhäusern oder Naturkostläden kaufen. Am schmackhaftesten, aber auch am teuersten ist die schwarze Perigord-Trüffel.

Für 6 Personen:	
1	*Terrinenform von 15 cm Länge, 6 cm Breite, 7 cm Höhe*
Für die Terrine:	
1,5 kg	*Lauch*
7	*Blatt Gelatine*
1 1/2 l	*Gemüsebrühe (Rezept Seite 54)*
3 Eßl.	*Trüffeljus*
1 Eßl.	*Aceto balsamico*
	Salz
	frisch gemahlener weißer Pfeffer
50 g	*schwarze Perigord-Trüffel*
Für die Vinaigrette:	
1	*Messerspitze Senf*
1 1/2 Eßl.	*alter Aceto balsamico*
2 1/2 Eßl.	*neuer Aceto balsamico*
2 Eßl.	*Gemüsebrühe (Rezept Seite 54)*
1 1/2 Eßl.	*reduzierter Portwein*
1 1/2 Eßl.	*reduzierter Madeira*
	Salz
	frisch gemahlener weißer Pfeffer
5 Eßl.	*Olivenöl*
5 Eßl.	*Sonnenblumenöl*
30 g	*Butter*
200 g	*Linsensprossen*
100 ml	*Gemüsebrühe (Rezept Seite 54)*
Zum Garnieren:	
1	*mittelgroße Möhre, in feine Streifen geschnitten*
Arbeitsaufwand:	
	etwa 1 1/4 Stunden
Garzeit:	
	etwa 10 Minuten
Kühlzeit:	
	etwa 2 Stunden

1. Vom Lauch die dunkelgrünen Teile abschneiden, 200 g davon waschen und in grobe Ringe schneiden. Die Gelatine in Wasser einweichen.

2. In einem Topf 1/2 l Gemüsebrühe zum Kochen bringen. Die Lauchringe darin in 2–3 Minuten bei starker Hitze weich kochen. Den Lauch mit der Brühe pürieren, durch ein Sieb in eine Cromarganschüssel passieren.

3. Die ausgedrückte Gelatine in dem Lauchfond auflösen. Mit dem Trüffeljus, dem Aceto balsamico, Salz und Pfeffer würzen. Das Gelee auf Eis kaltrühren, aber nicht fest werden lassen.

4. In einem Topf 1 l Gemüsebrühe aufkochen und die hellen Lauchstücke im Ganzen darin bei mittlerer Hitze in etwa 5 Minuten bißfest kochen. Die Lauchstangen aus der Brühe heben und kurz in Eiswasser legen.

5. Das Wasser abgießen und den Lauch zum Abtropfen auf Küchenkrepp legen. Den Lauch in etwa 10 Minuten im Kühlschrank erkalten lassen.

6. Die schwarze Trüffel unter fließendem Wasser abbürsten, dann trockentupfen und in 1 1/2 mm dünne Scheiben schneiden.

7. Den Boden der Terrinenform etwa 3 mm dick mit dem noch flüssigen Gelee ausgießen und etwa 5 Minuten in den Kühlschrank stellen.

8. Das erste Drittel der Lauchstangen und der Trüffelscheiben jeweils in wenig flüssiges Gelee tauchen und abwechselnd in die Form schichten. Dabei rundherum einen etwa 3 mm großen Freiraum lassen. Wenn das erste Drittel eingefüllt ist, den Freiraum mit Gelee ausgießen. Die Terrine wieder etwa 5 Minuten in den Kühlschrank stellen. Dann das zweite und anschließend das letzte Drittel der Lauchstangen und Trüffelscheiben wie beschrieben in die Form schichten. Zum Schluß eine dünne Geleeschicht aufstreichen. Die Terrine für etwa 2 Stunden in den Kühlschrank stellen.

9. Für die Vinaigrette den Senf, die beiden Essigsorten, die 2 Eßlöffel Gemüsebrühe, den Portwein und den Madeira mit Salz und Pfeffer gut verrühren. Das Öl unterschlagen.

10. In einer Sauteuse die Butter aufschäumen. Die Sprossen mit den 100 ml Brühe dazugeben und in etwa 3 Minuten bei mittlerer Hitze bißfest garen. Die Sprossen in einem Sieb kalt überspülen und abtropfen lassen. Dann unter die Vinaigrette mischen.

11. Die Terrinenform kurz in heißes Wasser tauchen. Die Terrine stürzen und mit dem Elektromesser in etwa 1 cm dicke Scheiben schneiden. Etwas Vinaigrette auf Teller verteilen. Die Scheiben darauf legen, mit Möhrenstreifen garnieren.

Mein Tip:

Es ist ganz einfach, Linsensprossen selbst herzustellen. Die Linsen in ein Weckglas geben, mit kaltem Wasser bedecken und etwa 12 Stunden quellen lassen. Dann das Wasser abgießen und die Linsen wieder in das Glas füllen. Das Glas mit einem Leinentuch und einem Gummiring verschließen und mit der Öffnung nach unten auf ein Gitter stellen. Die Linsen 2–3mal am Tag wässern. Nach 3 Tagen sind die Sprossen fertig.

Spargel mit Beaujolais-Sauce

Der kräftige Geschmack der Beaujolais-Sauce kann neben dem intensiven Spargel gut bestehen.
Schmecken Sie die Sauce vorsichtig ab, Süße und Säure müssen gut harmonieren.

	Für 4 Personen:
	Für die Sauce:
4	*Schalotten*
1/8 l	*roter Portwein*
300 ml	*Beaujolais*
1 Eßl.	*trockener Rotwein*
120 g	*kalte Butter*
	Salz
100 g	*Sahne*
	Außerdem:
600 g	*weißer Spargel*
	Saft von
1/2	*Zitrone*
	Salz
1	*Prise Zucker*
1	*Scheibe Weißbrot*
	Arbeitsaufwand:
	etwa 45 Minuten
	Garzeit:
	etwa 35 Minuten

1. Die Schalotten fein hacken.

2. In einem kleinen Saucenpfännchen den Portwein und den Beaujolais zusammen mit den Schalotten etwa 10 Minuten bei mittlerer Hitze kochen, bis die Masse dicklich ist.

3. Diese Reduktion von der Kochstelle nehmen und etwas abkühlen lassen.

4. Nun das Ganze wieder auf die Kochstelle geben und langsam bei schwacher Hitze erwärmen. Den Rotwein mit einem Schneebesen einrühren. Dabei löst sich die dickliche Sauce leicht von der Pfanne.

5. Die kalte Butter in kleine Stücke schneiden und mit einem Schneebesen unter die Sauce schlagen. Die Sauce salzen und zur Seite stellen.

6. Den Spargel mit einem guten Schäler gründlich schälen.

7. In einem großen Topf etwa 2 l Wasser mit dem Zitronensaft, Salz, dem Zucker sowie dem Weißbrot zum Kochen bringen.

8. Den Spargel in das Wasser legen und je nach Stärke der Stangen 8–10 Minuten sprudelnd kochen lassen. Die Sahne halbsteif schlagen.

9. Den Spargel mit einem Schaumlöffel aus dem Wasser heben, auf ein Tuch legen und gut abtropfen lassen. Dann in etwa 4 cm lange Stücke schneiden.

10. Die Sauce noch einmal leicht erwärmen, dann auf vorgewärmte Teller verteilen. Mit der Sahne einen Kreis auf die Sauce gießen und mit einer Gabel ein Muster durchziehen. Den Spargel darauf anrichten.

Meine Tips:

Bevorzugen Sie Spargel aus deutschen Anbaugebieten, er benötigt keinen langen Transport, hat einen ausgeprägten Geschmack und ist nicht bitter. Kaufen können Sie deutschen Spargel von April bis Juni.
Achten Sie beim Einkauf darauf, daß die Enden nicht ausgetrocknet sind, der Spargel sollte frisch geschnitten sein. Beim Schälen die Stangen vom Spargelkopf aus sorgfältig nach unten hin schälen, nur die holzigen Enden entfernen.
Spargel sollten Sie im Ganzen garen, nur für Suppen und Salate in Stücke schneiden.
Geben Sie beim Garen 1 Scheibe Weißbrot dazu, sie bindet eventuell vorhandene Bitterstoffe. Achten Sie beim Garen auch darauf, daß der Spargel nicht zu weich wird, er sollte noch Biß haben.

Auberginenmousse mit Zucchini auf Tomatensauce

Hier kommt es ganz besonders auf die hohe Qualität der Gemüse an: die Auberginen müssen fest und glatt, die Tomaten vollreif und die Zucchini klein und zart sein.

Für 4 Personen:	
Für die Tomatensauce:	
1	*Möhre*
2	*Schalotten*
4	*vollreife Tomaten*
1	*Zweig Thymian*
1	*Zweig Rosmarin*
1	*Zweig Basilikum*
30 g	*Butter*
1 Teel.	*Tomatenmark*
4 Eßl.	*trockener Rotwein*
1	*Prise Zucker*
	Salz
2 Eßl.	*Gin*
2 Eßl.	*geschlagene Sahne*
Für die Auberginenmousse:	
500 g	*Auberginen*
1/2 l	*Sahne*
	Salz
	frisch gemahlener weißer Pfeffer
2	*Zucchini*
30 g	*Butter*
1/2	*kleine Knoblauchzehe*
Zum Garnieren:	
	Kerbelblättchen
Arbeitsaufwand:	
	etwa 1 Stunde 10 Minuten
Garzeit:	
	etwa 40 Minuten

1. Die Möhre und die Schalotten schälen und in kleine Würfel schneiden. Von den Tomaten den Strunk herausschneiden. Die Tomaten entkernen und in kleine Würfel schneiden. Die Kräuter waschen, von den Stielen befreien und hacken.

2. Die Butter in einer Sauteuse aufschäumen, die Möhre und die Schalotten darin andünsten. Das Tomatenmark unterrühren und leicht anrösten. Mit dem Rotwein ablöschen.

3. Die Tomaten dazugeben, mit dem Zucker, Salz und den Kräutern würzen. Den Gin dazugießen und die Sauce bei schwacher Hitze offen 10–15 Minuten köcheln lassen.

4. Die Sauce im Mixer aufmixen und anschließend durch ein Sieb streichen. Die Tomatensauce dann nochmals aufkochen. Falls sie zu dünnflüssig ist, unter Rühren noch etwas reduzieren. Dann beiseite stellen.

5. Für die Mousse die Auberginen waschen, schälen, vom Stielansatz befreien und in kleine Würfel schneiden. Die Würfel mit der Sahne, Salz und Pfeffer in einen Topf geben und bei schwacher Hitze so lange kochen, bis die Sahne völlig eingekocht ist, sonst wird die Mousse zu flüssig. Dabei immer wieder umrühren, damit nichts anbrennt.

6. Das Auberginengemüse in den Mixer geben und fein pürieren. Das Püree durch ein Sieb streichen und bis zur weiteren Verwendung bei Zimmertemperatur zur Seite stellen.

7. Die Zucchini waschen und von den Stiel- und Blütenansätzen befreien. Die Zucchini dann mit der Schale in 2 mm dicke Scheiben schneiden.

8. In einem Topf die Butter mit 1/2 l Salzwasser zum Kochen bringen. Die Zucchinischeiben darin zugedeckt etwa 2 Minuten blanchieren. Das Gemüse in ein Sieb schütten und mit kaltem Wasser überspülen. Die Zucchini zum Abtropfen auf Küchenkrepp legen.

9. Die Knoblauchhälfte auf eine Gabel spießen und einige Male durch die Auberginenmousse ziehen. Die Mousse mit Salz und Pfeffer abschmecken und nochmals erwärmen.

10. Die Tomatensauce einmal aufkochen, dann die geschlagene Sahne unterziehen und die Sauce auf vorgewärmte Teller verteilen. Die Auberginenmousse mit einem großen Löffel darauf setzen und mit den Zucchini belegen. Mit Kerbelblättchen garnieren.

Mein Tip:

Statt Auberginenmousse herzustellen, können Sie die gewürfelten Auberginen auch in 2 Eßlöffeln Olivenöl braten, würzen und mit den Zucchini vermischen. Dazu dann die Tomatensauce und Reis servieren.

Austernpilze in Zitronenbutter

Austernpilze erntet man bei uns im Spätherbst. Sie werden aber auch gezüchtet und sind daher das ganze Jahr über erhältlich. Das Pilzfleisch ist weich, weiß und sehr zart.

	Für 4 Personen:
1 Eßl.	*Kerbelblättchen*
2 Eßl.	*Petersilienblättchen*
2 Eßl.	*Basilikumblättchen*
1 Eßl.	*Zitronenthymian*
160 g	*weiche Butter*
80 g	*Mie de pain (siehe Tip)*
	Salz
	frisch gemahlener weißer Pfeffer
400 g	*Austernpilze*
1	*Zitrone*
4 Eßl.	*Gemüsebrühe (Rezept Seite 54)*
	Zum Garnieren:
	Kerbelblättchen
	Arbeitsaufwand:
	etwa 40 Minuten
	Garzeit:
	etwa 15 Minuten

1. Für die Kräuterfarce alle Kräuter fein hacken. 100 g Butter in einer Schüssel cremig rühren, dann die Kräuter und die Mie de pain untermischen und alles mit Salz und Pfeffer abschmecken.

2. Die Austernpilze auseinandertrennen, putzen und die Stiele mit einem feuchten Tuch abreiben. Die Stielenden abschneiden.

3. Den Backofen auf 220° vorheizen.

4. Die Pilze mit der Kräuterfarce bestreichen und in eine Pfanne legen.

5. Die Zitrone schälen und filetieren. Um die Trennhäute der einzelnen Zitronenfilets zu entfernen, das Fruchtfleisch an beiden Seiten entlang der Trennhaut wegschneiden. Die Zitrone dabei über eine Glasschüssel halten, um den Saft aufzufangen. Wenn die Filets ausgelöst sind, aus den Trennhäuten mit den Händen den restlichen Saft auspressen.

6. Die Zitronenfilets auf einen kleinen Teller legen, den Saft für einen anderen Zweck verwenden.

7. Die Pfanne in den Backofen (Mitte) schieben und die Pilze etwa 10 Minuten garen, bis die Kräuterfarce leicht gebräunt ist.

8. Inzwischen die restliche Butter in einer Sauteuse leicht bräunen, die Zitronenfilets mit der Gemüsebrühe dazugeben und leicht salzen. Das Ganze bei starker Hitze etwa 2 Minuten einkochen lassen.

9. Die Zitronenbutter auf vorgewärmte Teller verteilen, die Austernpilze aus dem Ofen nehmen und auf die Sauce setzen. Mit Kerbelblättchen garnieren.

Meine Tips:

Um diesem Gericht eine besonders feine Note zu verleihen, nehme ich statt Bröseln **Mie de pain**. Das ist ein etwa 2 Tage altes Weißbrot, das ohne die Rinde gerieben wird.
Statt Austernpilzen können Sie auch den schmackhaften Parasolpilz nehmen. Er läßt sich auf dieselbe Weise zubereiten. Die Stiele trennen Sie aber ganz ab und streichen die Kräuterfarce in die Kappen.

Lauchgratin im Tartelette

Sie sollten vom Lauch nur die weißen und hellgrünen Teile verwenden, der Geschmack des Gerichtes ist dadurch feiner.
Es gibt verschiedene Größen von Tartelettefőrmchen, für dieses Gericht benötigen Sie 4–6 Förmchen von etwa 10 cm Durchmesser.

Für 4–6 Personen:	
600 g	*Lauch*
	Salz
400 g	*Sahne*
	frisch gemahlener weißer Pfeffer
	etwas frisch geriebene
	Muskatnuß
Für den Teig:	
280 g	*Butter*
4	*Eier*
250 g	*Mehl*
	Salz
Für die Sauce:	
80 g	*Pfifferlinge*
20 g	*Butter*
100 g	*Sahne*
	Salz
	frisch gemahlener weißer Pfeffer
Arbeitsaufwand:	
	etwa 40 Minuten
Ruhezeit:	
	etwa 4 Stunden
Garzeit:	
	etwa 15 Minuten

1. Den Lauch putzen und das dunkle Grün abschneiden. Die Stangen der Länge nach halbieren, waschen und in feine Streifen schneiden.

2. Etwa 1 l Salzwasser zum Kochen bringen und den Lauch darin 2–3 Minuten blanchieren. Die Streifen dann durch ein Sieb abgießen und auf einem Tuch ausbreiten, damit die überschüssige Flüssigkeit abtropft.

3. In einem Topf 300 g Sahne, Salz, Pfeffer und Muskat einmal aufkochen lassen. Die Sahne abschmecken, von der Kochstelle nehmen.

4. Den Lauch unter die Sahne mischen und alles etwa 4 Stunden bei Zimmertemperatur ziehen lassen.

5. Für den Teig die Butter in einer Cromarganschüssel im Wasserbad so lange erwärmen, bis sie gerade leicht flüssig wird. Die Butter dann mit dem Handrührgerät kaltschlagen. Die Eier, das Mehl und Salz langsam unterrühren, bis der Teig schön glatt ist.

6. Je 1 Eßlöffel Teig in die Tartelletteförmchen füllen. Damit die Tartelettes schön dünn werden, drückt man ein zweites Förmchen mit dem Boden in das erste und streicht den an der Rändern überquellenden Teig weg.

7. Den Teig in den Förmchen etwa 20 Minuten ruhen lassen. Den Backofen auf 180° vorheizen.

8. Für die Sauce die Pfifferlinge mit einem feuchten Tuch abreiben und in Stücke schneiden.

9. Damit der Teig beim Backen keine Blasen wirft, die Förmchen auf ein Blech setzen und mit einem anderen Blech abdecken. Die Tartelettes im heißen Backofen in etwa 10 Minuten hellbraun backen. Die Tartelettes dann mit einer Messerspitze vorsichtig aus den Förmchen lösen. Den Grill vorheizen.

10. Den Lauch mit der Sahne durch ein Sieb abgießen und mit einem Löffel leicht ausdrücken. Die Tartelettes mit der Lauchmasse füllen und diese glattstreichen.

11. Die Butter in einer Pfanne erhitzen. Die Pfifferlinge darin bei starker Hitze etwa 1 Minute sautieren. Die Sahne dazugießen und bei starker Hitze etwa 1 Minute kochen lassen. Mit Salz und Pfeffer abschmecken.

12. In einer Schüssel die restlichen 100 g Sahne steif schlagen. Je eine Haube davon auf die Lauchmasse setzen. Die Tartelettes unter dem heißen Grill in etwa 1 Minute goldgelb überbacken.

13. Inzwischen die Sauce durch ein Sieb gießen. Die Sahne im Mixer aufschlagen und die Pfifferlinge wieder untermischen.

14. Die Tartelettes auf Teller verteilen und mit der Sahne rasch servieren.

Meine Tips:

Sollten Sie dieses Gericht für eine kleinere Personenzahl als Hauptgericht wählen, servieren Sie dazu am besten Salzkartoffeln und frische Salate der Jahreszeit.
Oder Sie nehmen statt Lauch frischen, zarten Spinat. Sie brauchen 500 g und können auch noch einige Pfifferlinge untermischen.

Apfelrösti mit Meerrettich und weisser Pfeffersauce

Eine leichte Vorspeise, zu der frisches Sonnenblumenbrot besonders gut schmeckt.

Für 4 Personen:	
15–20	*weiße Pfefferkörner*
200 g	*Sahne*
50 g	*Crème double*
	Salz
6	*Äpfel (Delicious)*
1	*Zitrone*
30 g	*Mehl*
50 g	*geklärte Butter (siehe Seite 8)*
1	*kleines Stück frischer Meerrettich*
Arbeitsaufwand:	
	etwa 30 Minuten
Garzeit:	
	etwa 20 Minuten

1. Die Pfefferkörner auf ein Holzbrett geben und mit dem Messerrücken zerdrücken.

2. In einer Sauteuse die Sahne mit der Crème double, Salz und den zerdrückten Pfefferkörnern mischen und zum Kochen bringen. Dann etwa 2 Minuten kochen lassen.

3. Die Sauce durch ein Sieb gießen, dann wieder in die Sauteuse geben und bei mittlerer Hitze unter gelegentlichem Rühren in etwa 10 Minuten zur Hälfte einkochen lassen. Die Sauce hat dann eine sämige Bindung.

4. Die Äpfel schälen. Die Zitrone auspressen und die Äpfel rundherum mit Zitronensaft einreiben, damit sie nicht braun werden.

5. Die Äpfel nun in 3 mm dicke Scheiben schneiden und von den Kerngehäusen befreien. Die Scheiben in streichholzförmige Streifen schneiden.

6. Die Apfelstifte in eine Schüssel geben und vorsichtig mit dem Mehl, 1 Teelöffel Zitronensaft und 1 Prise Salz vermengen.

7. Die geklärte Butter in einer großen oder zwei kleineren (gleichzeitig) beschichteten Pfanne erhitzen. Die Apfelstreifen etwa 1 1/2 cm hoch einstreuen und bei schwacher Hitze von beiden Seiten jeweils 2–3 Minuten braten, bis sie goldgelb sind.

8. Inzwischen die Pfeffersauce wieder erwärmen.

9. Den Meerrettich schälen und mit einem Messer pro Portion 3–5 Späne abschaben.

10. Nun die Hitze für die Apfelrösti höherstellen, damit sie Farbe nehmen. Die Apfelrösti auf ein Brett geben und in Stücke schneiden.

11. Mit der Sauce auf vorgewärmten Tellern einen Spiegel gießen. Die Apfelrösti darauf setzen und mit den Meerrettichspänen bestreuen.

Mein Tip:

Es ist sehr wichtig, daß Sie die Äpfel bei sehr schwacher Hitze braten, damit sie sich gut mit der Butter vollsaugen können. Durch die geklärte Butter werden die Äpfel dunkler und schmecken besser.

Schalotten mit Rotweinglace und Paprika-Zucchini-Brunoise

Schalotten sind die edelsten Verwandten der Zwiebel. Sie sind etwas schärfer, im Aroma aber viel feiner.

	Für 4 Personen:
400 g	*möglichst gleich große Schalotten*
80 g	*Butter*
1 Eßl.	*Zucker*
1/2 l	*trockener Rotwein*
	Salz
80 g	*Zucchini*
80 g	*rote Paprikaschoten*
	Zum Garnieren:
1	*festkochende Kartoffel*
1/4 l	*Pflanzenöl*
	Arbeitsaufwand:
	etwa 30 Minuten
	Garzeit:
	etwa 30 Minuten

1. Die Schalotten schälen.

2. Die Butter in einer Pfanne erhitzen und die Schalotten darin etwa 2 Minuten andünsten. Die Pfanne dabei immer wieder schwenken.

3. Den Zucker über die Schalotten streuen. Alles unter ständigem Rühren bei mittlerer Hitze etwa 3 Minuten garen, bis ein hellbrauner Caramel entsteht.

4. Die Schalotten mit dem Rotwein ablöschen und leicht salzen. Die Schalotten bei mittlerer Hitze in etwa 5 Minuten gar dämpfen. Sie sollten nicht zu weich werden und ihre Form behalten.

5. Die Schalotten mit einem Schaumlöffel aus der Sauce heben und auf einem Teller beiseite stellen.

6. Die Rotweinsauce bei starker Hitze etwa 10 Minuten kochen lassen, bis sie eine sämige Bindung bekommt. Die Pfanne dann an den Herdrand stellen.

7. Inzwischen die Zucchini waschen und die Schale mit 3–4 mm Fruchtfleisch der Länge nach abschneiden. Die Schale in sehr kleine Würfel schneiden.

8. Die Paprikaschote halbieren, die Kerne und die weißen Trennwände entfernen. Die Schote ebenfalls in sehr kleine Würfel schneiden.

9. Beide Gemüse getrennt in jeweils 1 Eßlöffel Wasser in 2–3 Minuten bißfest kochen.

10. Die Kartoffel schälen und in streichholzdicke Streifen schneiden. Das Öl auf 160° erhitzen. Die Kartoffeln darin goldgelb ausbacken. Dann herausnehmen und auf Küchenkrepp abtropfen lassen.

11. Die gegarten Schalotten wieder in die Sauce geben und alles einmal aufkochen.

12. Die Schalotten mit der Sauce auf vorgewärmte Teller verteilen, mit den Gemüsewürfeln bestreuen und mit den Kartoffeln garnieren.

Rote Bete in Bierteig mit Meerrettichsauce

Für dieses Gericht nehmen Sie am besten sehr kleine rote Beten, sie sehen auf dem Teller viel hübscher aus. Die Salzmenge ist deshalb so hoch, damit die Würze beim Garen durch die Schale dringt.

	Für 4 Personen:
	Für den Teig:
300 g	*Mehl*
3	*Eigelb*
300 ml	*helles Bier*
70 g	*Butter*
5 g	*Salz*
3	*Eiweiß*
	Außerdem:
600 g	*kleine rote Beten*
2 Eßl.	*Estragonessig*
100 g	*Salz*
1 Teel.	*Kümmel*
	Mehl zum Bestäuben
1	*Bund krause Petersilie*
	Für die Sauce:
1	*Schalotte*
5 Eßl.	*trockener Weißwein*
2 Eßl.	*Noilly Prat (trockener französischer Wermut)*
300 ml	*Gemüsebrühe (Rezept Seite 54)*
150 g	*kalte Butter*
	Salz
	frisch gemahlener weißer Pfeffer
1	*kleine Stange Meerrettich*
	Zum Ausbacken:
1 l	*Pflanzenöl*
	Arbeitsaufwand:
	etwa 1 Stunde
	Ruhezeit:
	etwa 30 Minuten
	Garzeit:
	etwa 40 Minuten

1. Für den Teig das Mehl, die Eigelbe und das Bier in einer Cromarganschüssel gut glattrühren. Die Butter in einem Pfännchen zerlassen und unter den Teig mischen. Das Salz unterrühren. Die Eiweiße cremig schlagen und zuletzt unter den Teig heben.

2. Den Bierteig etwa 30 Minuten bei Zimmertemperatur stehenlassen.

3. Inzwischen die roten Beten mit einer Bürste unter fließendem Wasser gründlich säubern. Die roten Beten in einen hohen Topf geben und mit Wasser bedecken. Den Essig, das Salz und den Kümmel dazugeben.

4. Das Wasser zum Kochen bringen und die roten Beten bei mittlerer Hitze in 35–40 Minuten garen.

5. Dann das Wasser abgießen, die roten Beten mit kaltem Wasser überspülen und schälen.

6. Für die Sauce die Schalotte fein hacken. In einer Sauteuse den Weißwein, den Noilly Prat und die Schalotte erhitzen. Mit der Gemüsebrühe auffüllen und alles bei starker Hitze in etwa 20 Minuten auf ein Drittel einkochen lassen.

7. Die kalte Butter in kleine Stücke schneiden und mit einem Schneebesen unter die Sauce schlagen. Die Sauce mit Salz und Pfeffer würzen und zur Seite stellen.

8. Das Pflanzenöl in einem Topf auf 160° erhitzen. Wann das Öl die richtige Temperatur hat, können Sie erkennen, indem Sie 1 Tropfen Wasser vorsichtig ins Fett geben. Wenn es spritzt, ist das Fett heiß genug.

9. Die roten Beten mit etwas Mehl bestäuben und durch den Bierteig ziehen. Die roten Beten vorsichtig ins erhitzte Öl legen und in 1–2 Minuten goldgelb ausbacken.

10. Die roten Beten mit einem Schaumlöffel aus dem Fett heben und auf Küchenkrepp kurz abtropfen lassen. Die Petersilie (ohne Teig) ins heiße Öl geben und kurz fritieren. Dann ebenfalls auf Küchenkrepp abtropfen lassen.

11. Den Meerrettich waschen, schälen und mit einem scharfen Messer etwa 1 Eßlöffel voll abschaben.

12. Die Sauce noch einmal leicht erwärmen. Dann im Mixer aufmixen und den Meerrettich unterrühren.

13. Mit der Meerrettichsauce einen Spiegel auf vorgewärmte Teller gießen. Die roten Beten darauf setzen und mit der Petersilie garnieren.

Raffinierte Suppen

Hier verlocken vegetarische Suppen für alle Gelegenheiten – als Auftakt, kleinen Imbiß oder für Gäste, die überraschend kommen. Die gekühlten Kreationen sind wunderbar erfrischend an heißen Tagen, und wenn Sie einmal wenig Hunger haben, lassen Sie sich eine der Suppen als leichtes Hauptgericht schmecken.

Geeiste Paprika-Kraftbrühe

Eine ideale Suppe für heiße Sommertage, sie ist kühl und erfrischend.

Für 4 Personen:	
2	*rote Paprikaschoten*
800 ml	*Gemüsebrühe (Rezept Seite 54)*
4	*Liebstöckelblätter*
	Salz
	frisch gemahlener weißer Pfeffer
	frisch geriebene Muskatnuß
2	*Fleischtomaten*
5	*Basilikumblätter*
15	*Estragonblätter*
5	*Pfefferminzblätter*
Zum Garnieren:	
	einige Basilikumstreifen
Garzeit:	
	etwa 10 Minuten
Arbeitsaufwand:	
	etwa 40 Minuten

1. 1 Paprikaschote waschen, halbieren, die Kerne und die weißen Trennwände entfernen. Die Schote in grobe Stücke schneiden.

2. Die Gemüsebrühe in einem Topf mit dem Liebstöckel zum Kochen bringen. Die Brühe mit Salz, Pfeffer und 1 Reibe Muskat pikant abschmecken und zur Seite stellen.

3. Die Paprikastücke im Mixer fein pürieren. Das Püree in die noch lauwarme Brühe geben. Die Brühe durch ein mit einem Tuch ausgelegtes Sieb laufen lassen, dann zum Erkalten in den Kühlschrank stellen.

4. In einem Topf etwa 1/2 l Wasser zum Kochen bringen. Die Tomaten für 1–2 Minuten einlegen. Dann mit einem Schaumlöffel herausnehmen und kurz in Eiswasser legen. Herausnehmen und die Haut abziehen.

5. Die Tomaten vom Strunk befreien, halbieren und die Kerne mit einem kleinen Löffel herauskratzen. Das Tomatenfleisch in kleine Würfel schneiden.

6. Die zweite Paprikaschote waschen, der Länge nach halbieren und die Kerne und die weißen Trennwände entfernen. Die Hälften nochmals halbieren, dann mit der Hautseite nach oben auf ein Backblech geben und für 2–3 Minuten unter den heißen Grill schieben.

7. Die Paprikaschote kurz in Eiswasser legen, dann herausnehmen und die Haut abziehen. Das Fruchtfleisch in kleine Würfel schneiden.

8. Das Basilikum, den Estragon und die Pfefferminze mit der gekühlten Paprikabrühe in einen Shaker geben und kräftig aufschütteln.

9. Die Tomaten- und die Paprikawürfel in gekühlte Suppentassen verteilen und die geeiste Paprika-Kraftbrühe durch das Sieb des Shakers darüber gießen. Basilikumstreifen darüber streuen.

Avocadosuppe mit Ziegenfrischkäse

Wenn Ihnen die Konsistenz der Avocadosuppe zu dick erscheint, können Sie sie je nach Geschmack mit Gemüsebrühe, süßer oder saurer Sahne verdünnen.

Für 4 Personen:	
3	*Avocados (je etwa 200 g)*
2 Eßl.	*saure Sahne*
1 Eßl.	*Sahne*
	Salz
	frisch gemahlener weißer Pfeffer
1 Eßl.	*Zitronensaft*
80 g	*Ziegenfrischkäse*
Zum Garnieren:	
	Kerbel- oder Petersilienblättchen
Arbeitsaufwand:	
	etwa 30 Minuten

1. Die Avocados halbieren, vom Kern befreien und schälen.

2. Das Avocadofleisch mit einer Gabel gründlich zerdrücken und anschließend durch ein Sieb in eine Schüssel streichen.

3. Das Püree auf Eis gut durchkühlen, dann mit der sauren Sahne, der Sahne, Salz, Pfeffer und dem Zitronensaft aromatisch abschmecken.

4. Den Ziegenfrischkäse in einer Glasschüssel gut glattrühren.

5. Die Avocadosuppe in gekühlte Suppentassen oder -teller füllen. Vom Ziegenfrischkäse kleine Nocken abstechen und auf die Suppe setzen. Die Avocadosuppe mit Kerbel oder Petersilie garnieren.

Mein Tip:

Avocados schmecken am besten, wenn sie nicht mehr als 200 g wiegen. Sie sollten eine orangenähnliche Schale haben und gut ausgereift sein. Die richtige Reife erkennen Sie am besten daran, daß eine leichte Druckstelle entsteht, wenn Sie die Frucht etwas eindrücken. Avocados sofort nach dem Schälen mit Zitronensaft einreiben, sonst verfärbt sich das Fruchtfleisch graubraun.

Kalte Tomatensuppe

Nehmen Sie für diese Suppe am besten Fleischtomaten. Sie haben festes Fleisch, wenige Kerne und einen fruchtigen Geschmack.

	Für 4 Personen:
500 g	französische Fleischtomaten
500 g	deutsche Fleischtomaten
1	Spritzer Rotweinessig
2 Eßl.	Noilly Prat (trockener französischer Wermut)
	Salz
	frisch gemahlener weißer Pfeffer
	eventuell etwas Zucker
50 g	kleine, grüne Prinzeßbohnen
50 g	kleine, grüne Meeresalgen
4	große Champignons
8	Basilikumblätter
2 Teel.	Olivenöl, kaltgepreßt
	Arbeitsaufwand:
	etwa 40 Minuten
	Kühlzeit:
	etwa 1 Stunde
	Garzeit:
	etwa 10 Minuten

1. In einem Topf 2 l Wasser zum Kochen bringen. Die Tomaten 1–2 Minuten einlegen, dann sofort in Eiswasser legen, wieder herausnehmen und die Haut abziehen. Mit einem kleinen Messer den Strunk herausschneiden. Die Tomaten halbieren, die Kerne entfernen und das Fruchtfleisch durch ein Haarsieb in eine Glas- oder Porzellanschüssel streichen.

2. Die Tomaten mit dem Essig (aber Vorsicht, nicht zuviel, denn die Tomaten haben schon Säure) und dem Noilly Prat verfeinern. Die Suppe salzen und Pfeffer darüber mahlen. Gut umrühren und die Suppe eventuell noch mit etwas Zucker abschmecken.

3. Die Tomatensuppe auf Eis stellen und etwa 1 Stunde gut kühlen.

4. Die Bohnen waschen und die Spitzen abschneiden. In zwei Töpfen jeweils 1/2 l Wasser mit Salz zum Kochen bringen. Die Bohnen und die Meeresalgen getrennt darin knackig kochen. Die Bohnen brauchen 7–8 Minuten, die Meeresalgen 4–5 Minuten. Das Wasser dann abschütten und das Gemüse in Eiswasser abschrecken. Dann in einem Sieb abtropfen lassen.

5. Von den Champignons nur die Köpfe verwenden. Diese putzen, in dünne Scheiben und anschließend in feine Stifte schneiden.

6. Die Basilikumblätter in feine Streifen schneiden.

7. Die geeiste Tomatensuppe auf tiefe Teller verteilen.

8. Die gegarten Bohnen der Länge nach vierteln und eventuell (wenn sie zu lang sind) halbieren. Die Bohnen, die Meeresalgen und die Champignonstifte über die angerichtete Suppe streuen.

9. Die Suppe zuletzt mit dem Öl beträufeln.

Mein Tip:

Das ausgewogene Verhältnis von Süß und Sauer ist die Basis dieser kühlen Köstlichkeit. Deshalb empfehle ich verschiedene Tomaten. Die französischen Tomaten geben die Süße, die deutschen die Säure.

Paprikaschaum mit Ziegenfrischkäse

Paprikaschoten und Tomaten harmonieren in dieser Suppe ausgezeichnet. Nehmen Sie am besten Fleischtomaten, sie haben ein festes Fleisch und schmecken sehr fruchtig. Für die Zubereitung dieser Suppe benötigen Sie einen Entsafter.

	Für 4 Personen:
4	*rote Paprikaschoten*
8	*vollreife Fleischtomaten*
200 ml	*Gemüsebrühe (Rezept Seite 54)*
5 Eßl.	*Sahne*
1	*Zucchino (etwa 200 g)*
	Salz
2 Eßl.	*geschlagene Sahne*
	frisch gemahlener weißer Pfeffer
50 g	*Ziegenfrischkäse*
	Arbeitsaufwand:
	etwa 40 Minuten

1. Die Paprikaschoten waschen, halbieren, die Kerne und die weißen Trennwände entfernen und das Fruchtfleisch in grobe Stücke schneiden.

2. Von den Tomaten den Stielansatz und alle grünen Stellen entfernen, das Fruchtfleisch grob zerkleinern.

3. In einem Topf die Gemüsebrühe mit der flüssigen Sahne zum Kochen bringen und bei starker Hitze in 4–5 Minuten zur Hälfte einkochen.

4. Die Paprikaschoten und die Tomaten getrennt in den Entsafter geben. Den Saft zur eingekochten Gemüsebrühe geben.

5. Von dem Zucchino der Länge nach die grüne Schale mit etwa 1/2 cm Fruchtfleisch abschneiden, dann in etwa 1 1/2 cm große Rauten schneiden.

6. Etwa 1/2 l Salzwasser zum Kochen bringen und die Zucchinirauten darin etwa 2 Minuten blanchieren. Die Zucchini durch ein Sieb abgießen.

7. Die Paprika-Tomatenmischung mit der geschlagenen Sahne in den Mixer geben, mit Salz und Pfeffer würzen und etwa 10 Sekunden kräftig durchmixen. Den Ziegenfrischkäse in einer Schüssel cremig rühren.

8. Den Paprikaschaum in vorgewärmte, tiefe Teller füllen. Mit einem Moccalöffel von dem Ziegenfrischkäse kleine Nocken abstechen und in die Suppe setzen. Die Suppe mit den Zucchinirauten garnieren.

Mein Tip:

Der Feuchtigkeitsgehalt von Paprikaschoten und Tomaten ist nicht immer gleich, planen Sie deshalb 1 Paprikaschote und 2 Tomaten mehr ein.

Gemüsebrühe

Eine wichtige Grundlage für Suppen und Saucen.

Für etwa 1 1/2 l:	
1	*Schalotte*
1	*Stange Staudensellerie*
1	*Stück Lauch*
1	*Möhre*
1/2	*Fenchelknolle*
2	*Tomaten*
50 g	*Butter*
	Salz
	frisch gemahlener weißer Pfeffer
1	*Lorbeerblatt*
200 ml	*trockener Weißwein*
2 l	*Wasser*
1	*Zweig Liebstöckel*
Arbeitsaufwand:	
	etwa 20 Minuten
Garzeit:	
	30–45 Minuten

Wenn Sie häufig vegetarisch kochen, brauchen Sie oft selbstgemachte Gemüsebrühe. Es lohnt sich also, die Gemüsebrühe gleich in einer größeren Menge zuzubereiten und portionsweise einzufrieren. So haben Sie sie immer vorrätig. Im Kühlschrank hält sich die Brühe in einem gut verschlossenen Gefäß etwa 3 Tage.
Wenn Sie viel Zeit für die Zubereitung der Brühe haben, lassen Sie sie ruhig länger kochen. Sie wird dann immer kräftiger im Geschmack. Sie können sie bis zu 2 Stunden kochen lassen. Und die Brühe immer ohne Deckel garen, dadurch wird ihr Geschmack ebenfalls intensiver.

Aus der Gemüsebrühe können Sie mit verschiedenen Einlagen ganz leicht und schnell eine Suppe herstellen.
An Einlagen schmecken:

- Feine Scheiben von Champignons und feingeschnittener Schnittlauch, die Sie in Teller geben und mit der heißen Brühe übergießen.
- Staudensellerie, den Sie putzen und in wenig Brühe etwa 3 Minuten garen. Dann in kleine Würfel schneiden, mit der Brühe in Teller geben und die Suppe mit Kerbelblättchen garnieren.
- Junge Erbsen und in kleine Würfel geschnittene Möhren, die Sie in etwa 4 Minuten in etwas Brühe bißfest garen und in Suppentellern oder -tassen anrichten.

1. Die Schalotte, den Sellerie, den Lauch, die Möhre, den Fenchel und die Tomaten waschen und putzen oder schälen und in etwa 1 cm große Stücke schneiden.

2. Die Butter in einem hohen Topf schmelzen lassen. Die Schalotten- und Gemüsewürfel außer den Tomaten dazugeben und anschwitzen, aber nicht braun werden lassen.

3. Das Gemüse leicht salzen und pfeffern. Das Lorbeerblatt dazugeben und das Gemüse mit dem Weißwein ablöschen.

4. Das Gemüse von der Kochstelle nehmen und erkalten lassen. Dies ist wichtig, damit die Brühe später nicht trüb wird.

5. Das Gemüse mit dem Wasser auffüllen. Die Tomaten dazugeben und die Flüssigkeit erhitzen.

6. Die Suppe bei schwacher Hitze kochen lassen. Dabei von Zeit zu Zeit den Schaum mit einem Schaumlöffel abheben.

7. Nach 30–45 Minuten den Liebstöckelzweig etwa 2 Minuten in die Brühe geben. Dann die Brühe durch ein Sieb gießen, das Sie vorher mit einem feinen Tuch ausgelegt haben.

8. Das Gemüse mit einem Löffel gut ausdrücken.

9. Die Gemüsebrühe abkühlen lassen und portionsweise einfrieren oder im Kühlschrank gut verschlossen aufbewahren.

10. Oder Sie verwenden die Brühe gleich weiter. Hier sehen Sie sie mit einer Einlage aus Champignons, Möhren und Lauchringen.

Kerbelschaumsuppe

Kerbel ist ein leicht nach Anis schmeckendes Kraut.

	Für 4 Personen:
150 g	*frischer Kerbel*
3/4 l	*Gemüsebrühe (Rezept Seite 54)*
250 g	*Crème double*
100 g	*kalte Butter*
	Salz
50 g	*Sahne*
	Arbeitsaufwand:
	etwa 15 Minuten
	Garzeit:
	etwa 30 Minuten

1. Die Kerbelblättchen von den Stielen zupfen. Es sollen etwa 90 g sein. Die Blättchen in einem Sieb mit kaltem Wasser überspülen und gut abtropfen lassen.

2. Die Gemüsebrühe in einem Suppentopf zum Kochen bringen. Die Crème double mit einem Schneebesen einrühren und die Suppe bei schwacher bis mittlerer Hitze 20–30 Minuten leise köcheln lassen.

3. Die kalte Butter in kleine Stücke schneiden und unterschlagen. Die Suppe in den Mixer geben.

4. Den Mixer auf die höchste Stufe stellen und die Suppe kräftig durchmixen. Dann wieder in den Topf geben.

5. Die Suppe mit Salz abschmecken.

6. Den Kerbel mit einem scharfen Messer fein schneiden. Die Sahne in einer Schüssel steif schlagen.

7. Den Kerbel und die geschlagene Sahne unter die Suppe ziehen und die Suppe unter kräftigem Rühren mit dem Schneebesen bis kurz vor den Siedepunkt erhitzen. Die Suppe darf nicht mehr kochen.

8. Die Kerbelschaumsuppe in vorgewärmten Suppentassen servieren.

Meine Tips:

Frische, feine Kräuter wie Kerbel sollten Sie immer erst zum Schluß an das Gericht geben. Sie behalten dann ihre schöne grüne Farbe und den intensiven Geschmack. Die Suppe nicht mehr kochen lassen und sofort servieren. Statt Kerbel können Sie auch Basilikum nehmen und die Suppe wie beschrieben zubereiten. Dazu schmecken in Butter gebratene Croûtons.

Gemüsebrühe mit Tomaten und Paprika

Eine klare Brühe kann sowohl ein festliches Menü einleiten als auch das Vorgericht zu einem kalten Abendessen sein. Es gibt kaum einen Menügang, der so vielfältig serviert werden kann.

	Für 4 Personen:
4 Eßl.	*Langkornreis*
	Salz
1/2	*grüne Paprikaschote*
2	*vollreife Tomaten*
800 ml	*Gemüsebrühe (Rezept Seite 54)*
	frisch gemahlener weißer Pfeffer
	Zum Garnieren:
	einige Kerbelblättchen
	Arbeitsaufwand:
	etwa 20 Minuten
	Garzeit:
	etwa 20 Minuten

1. 1/2 l Wasser in einem Topf zum Kochen bringen. Den Reis dazugeben, salzen und bei mittlerer Hitze in etwa 15 Minuten körnig kochen. Dann durch ein Sieb abgießen.

2. Inzwischen die Paprikahälfte von den Kernen und den weißen Trennwänden befreien und der Länge nach einmal durchschneiden. Die Hälften mit der Hautseite nach oben 2–3 Minuten unter den heißen Grill schieben.

3. Die Paprikahälften kurz in Eiswasser legen, dann herausnehmen und die Haut abziehen.

4. Das Fruchtfleisch in kleine Rauten schneiden.

5. In einem Topf etwa 1/2 l Wasser zum Kochen bringen. Die Tomaten 1–2 Minuten einlegen, dann mit einem Schaumlöffel herausnehmen und kurz in Eiswasser legen.

6. Die Haut der Tomaten abziehen. Den Strunk mit einem spitzen Messer herausschneiden. Die Tomaten halbieren und die Kerne mit einem kleinen Löffel herauskratzen. Das Tomatenfleisch ebenfalls in Rauten schneiden.

7. Die Gemüsebrühe erhitzen und mit Salz und Pfeffer würzen.

8. Die Gemüsewürfel und den Reis in heiße Suppenteller geben und mit der Gemüsebrühe aufgießen. Die Kerbelblättchen darüber streuen.

Meine Tips:

Die Gemüsesorten können Sie je nach Jahreszeit beliebig austauschen. Es schmecken zum Beispiel auch gegarte Blumenkohlröschen mit feingeschnittenen Sellerie- und Petersilienblättern.
Oder knackig gegarte Spargelspitzen, blanchierter Staudensellerie und Lauchstreifen.
Statt Reis können Sie auch 50 g Grünkern in etwa 1 l Salzwasser 50–60 Minuten garen und anschließend durch ein Sieb abgießen.
Oder Sie kochen einen Safranreis. Dazu 6–7 Safranfäden mit in das Kochwasser geben.
Auch Grießnockerl schmecken in dieser Suppe ausgezeichnet.

Klare Tomatensuppe mit Mozzarella-Ravioli

Für dieses Gericht brauchen Sie reife und aromatische Tomaten. Am besten mischen Sie deutsche (für die Säure) und französische Tomaten (für die Süße).

Für 4 Personen:	
Für die Suppe:	
2 kg	*vollreife Tomaten*
	Salz, etwas Estragonessig
	etwas reduzierter Noilly Prat (trockener französischer Wermut)
	frisch gemahlener weißer Pfeffer
Für den Ravioliteig:	
200 g	*Mehl*
100 g	*Hartweizengrieß*
1	*Ei*
3	*Eigelb*
6 Eßl.	*Milch*
30 g	*Öl, Salz*
Für die Füllung:	
50 g	*Olivenöl*
50 g	*Basilikumblätter*
3 g	*Pinienkerne*
1	*geschälte Walnuß*
	Salz
1	*Stück Mozzarella von 125 g*
	frisch gemahlener weißer Pfeffer
Außerdem:	
1	*Ei zum Bestreichen*
	Mehl zum Bestäuben
1	*Tomate, Basilikumstreifen*
Arbeitsaufwand:	
	etwa 15 Minuten
Ruhezeit für den Tomatensaft:	
	etwa 12 Stunden
Fertigstellung:	
	etwa 11/4 Stunden
Ruhezeit für den Teig:	
	etwa 1 Stunde

1. Die Tomaten waschen, vierteln, vom Strunk befreien und mit Salz im Mixer fein zerkleinern. Ein Passiertuch (oder ein Sieb, mit einem nicht zu engmaschigen Tuch ausgelegt) über eine Schüssel hängen. Den Tomatensaft eingießen und in etwa 12 Stunden durch das Tuch laufen lassen. Es ergibt etwa 1 l Saft.

2. Dann für den Teig das Mehl auf ein Backbrett sieben. Den Grieß, das Ei, die Eigelbe, die Milch, das Öl und Salz dazugeben, alles gut mischen und so lange verkneten, bis der Teig glatt und glänzend ist.

3. Den Teig zu einer Kugel formen, mit einem Tuch abdecken und etwa 1 Stunde bei Zimmertemperatur ruhen lassen.

4. Für die Suppe in einem Topf den Tomatensaft aufkochen. Die Brühe je nach Säure der Tomaten mit Estragonessig und dem Noilly Prat abschmekken, mit Salz und Pfeffer würzen. Die Suppe zur Seite stellen.

5. Für die Füllung das Olivenöl, die Basilikumblätter, die Pinienkerne, die Walnußkerne und Salz in den Mixer geben und sehr fein mixen. Den Pesto anschließend durch ein Sieb drücken.

6. Den Mozzarella aus der Molke nehmen und in feine Würfel schneiden. Mit Salz und Pfeffer würzen und mit dem Pesto gut vermischen.

7. Den Ravioliteig zu zwei gleich großen Platten 1 mm dünn ausrollen. Auf eine Teigplatte die Mozzarellamischung als kleine Häufchen aufsetzen. Das Ei zum Bestreichen verquirlen und die Zwischenräume der Teigplatte damit bepinseln. Die zweite Teigplatte vorsichtig darüber legen, die Ränder und die Zwischenräume gut andrücken.

8. Mit einem Ravioliausstecher von 4 cm Durchmesser Ravioli ausstechen, diese mit Mehl bestäuben und auf ein Tuch legen.

9. In einem großen Topf etwa 2 l Wasser zum Kochen bringen und salzen. Die Ravioli einlegen und etwa 2 Minuten kochen lassen.

10. Die Tomate für 1–2 Minuten in kochendes Wasser legen, herausnehmen und die Haut abziehen. Den Strunk entfernen, die Kerne vorsichtig auslösen und die Tomate in Streifen schneiden.

11. Die gegarten Ravioli durch ein Sieb abgießen.

12. Die Tomatenbrühe noch einmal erhitzen. Die Brühe in Teller oder Tassen geben. Die Ravioli einlegen und die Tomatenstreifen einstreuen. Mit Basilikumstreifen garnieren.

Meine Tips:

Die Ravioli können Sie auch in einer klaren Gemüsebrühe servieren. Oder Sie servieren sie als Hauptgericht mit in Butter angeschwitzten Tomatenwürfeln, mit frischem Basilikum gewürzt.
Mozzarella ist ein Frischkäse aus Italien (Lombardei, Mailand), eingelegt in ein Molkebad. Sie können auch Büffelmozzarella (aus der Gegend von Neapel) nehmen.

Griess-Suppe mit Sauerampfer

Nehmen Sie für diese Suppe in jedem Fall Hartweizengrieß, er bleibt körniger. Vom Sauerampfer nur die jungen Blätter verwenden, sie haben eine elegante Säure.

Für 4 Personen:	
3/4 l	*Gemüsebrühe (Rezept Seite 54)*
20 g	*Butter*
30 g	*Hartweizengrieß*
1	*Eigelb*
200 g	*Sahne*
	Salz
	frisch geriebene Muskatnuß
30 g	*Sauerampferblätter, ohne Stiel und Mittelrippe*
Arbeitsaufwand:	
	etwa 15 Minuten
Garzeit:	
	etwa 10 Minuten

1. Die Gemüsebrühe in einem Topf zum Kochen bringen, dann zur Seite stellen.

2. In einem anderen Topf die Butter aufschäumen. Den Grieß hinzufügen und bei mittlerer Hitze unter ständigem Rühren etwa 1 Minute goldgelb anrösten.

3. Den Grieß mit der heißen Gemüsebrühe aufgießen und etwa 5 Minuten bei schwacher Hitze köcheln lassen.

4. Das Eigelb mit der Sahne in einer Schüssel gut verrühren. Dann mit dem Schneebesen unter die fertig gegarte Suppe rühren.

5. Die Suppe mit Salz und Muskat abschmecken. Sie darf nicht mehr kochen, sonst gerinnt das Eigelb.

6. Die Sauerampferblätter in feine Streifen schneiden.

7. Vor dem Anrichten die Suppe kräftig durchrühren, einmal aufkochen und die Sauerampferstreifen hinzufügen. Die Suppe nicht mehr kochen lassen.

8. Die Suppe in vorgewärmte Teller oder Tassen verteilen.

Mein Tip:

Aus 150 g Sauerampfer können Sie eine feine Schaumsuppe zubereiten. Sie wird gegart wie im Rezept »Kerbelschaumsuppe« auf Seite 56 beschrieben. Vor dem Servieren können Sie dann noch in Butter geröstete Weißbrotwürfel darüber streuen.

Nudeln & Co.

Hausgemachte Nudeln schmecken unübertrefflich und sind ausgesprochen vielseitig. In diesem Kapitel werden sie als Canneloni, Ravioli, im Salat und mit einer raffinierten Sauce serviert. Außerdem finden Sie reizvolle, köstliche Getreidegerichte mit Reis oder Polenta.

Pfifferling-Cannelloni mit Lauch

Am besten schmecken die Cannelloni aus selbstgemachtem Teig. Sie benötigen dafür allerdings eine Nudelmaschine, damit der Teig wirklich dünn wird.

Für 4 Personen:	
Für den Teig:	
250 g	*Mehl*
50 g	*Hartweizengrieß*
3	*Eier*
4 Eßl.	*Olivenöl*
1 Eßl.	*Wasser*
	Salz
Für die Füllung:	
600 g	*Pfifferlinge*
1	*Schalotte*
1 1/2 Teel.	*Öl*
	Salz
	frisch gemahlener weißer Pfeffer
250 g	*Crème double*
24	*große Spinatblätter*
Für die Sauce:	
150 ml	*Gemüsebrühe (Rezept Seite 54)*
50 g	*kalte Butter*
400 g	*Lauch*
	Salz
Außerdem:	
	Mehl zum Bestäuben
Arbeitsaufwand:	
	etwa 1 1/4 Stunden
Ruhezeit:	
	etwa 1 Stunde
Garzeit:	
	etwa 25 Minuten

1. Für den Teig das Mehl auf ein Backbrett sieben. Den Grieß, die Eier, das Öl, das Wasser und Salz dazugeben und alles so lange verkneten, bis der Teig glatt und glänzend ist.

2. Den Teig mit einem Tuch abdekken und bei Zimmertemperatur etwa 1 Stunde ruhen lassen.

3. Inzwischen für die Füllung die Pfifferlinge putzen. 12 kleine Pilze zum Garnieren beiseite legen, die restlichen Pilze in kleine Würfel schneiden.

4. Die Schalotte schälen und würfeln. 1 Teelöffel Öl in einer Pfanne erhitzen. Die Schalotte darin andünsten, aber nicht braun werden lassen. Die Pfifferlinge dazugeben und bei starker Hitze kurz sautieren. Die Pilze mit Salz und Pfeffer würzen.

5. Die Crème double in einem Topf aufkochen und bei starker Hitze unter Rühren auf 5–6 Eßlöffel einkochen lassen. Die Pfifferlinge untermischen, den Topf von der Kochstelle nehmen.

6. Die Spinatblätter waschen. 1 l Salzwasser zum Kochen bringen, die Spinatblätter darin etwa 1 Minute blanchieren. Die Blätter abgießen, auf ein Tuch legen und leicht trockentupfen.

7. Jeweils 3 Spinatblätter aufeinander legen und in Rechtecke von 8x6 cm Größe schneiden. Die Pfifferlingmasse darauf setzen. Die Spinatblätter zu 2 cm dicken Rollen formen.

8. Den Nudelteig halbieren. Mit der Nudelmaschine in 1 mm dicke Teigstreifen ausrollen. Die Teigstreifen auf ein mit Mehl bestäubtes Tuch legen, in Rechtecke von 8x6 cm Größe schneiden.

9. Etwa 2 l Salzwasser zum Kochen bringen. Die Teigstücke darin etwa 3 Minuten kochen lassen. Dann abgießen, mit heißem Wasser überspülen und auf ein Tuch legen.

10. Die Spinatrollen auf die Teigstücke legen und darin einrollen.

11. Für die Sauce die Gemüsebrühe in einem Topf zum Kochen bringen. Die kalte Butter in kleinen Stücken unterrühren. Die Sauce im Mixer aufschlagen.

12. Den Lauch der Länge nach halbieren und waschen. Die weißen und hellgrünen Teile in 1 cm breite Streifen schneiden. 1 l Salzwasser zum Kochen bringen und den Lauch darin etwa 2 Minuten blanchieren. Die Streifen abgießen und zum Abtropfen einige Minuten auf Küchenkrepp legen. Dann unter die Sauce mischen.

13. 1/2 l Wasser in einem Dämpfer zum Kochen bringen. Den Einsatz darauf setzen und die Pfifferling-Cannelloni nebeneinander hineinsetzen. Die Cannelloni zugedeckt in etwa 3 Minuten heiß werden lassen.

14. Die beiseite gelegten Pfifferlinge in dem restlichen Öl bei starker Hitze etwa 1 Minuten sautieren.

15. Den Lauch mit der Sauce noch einmal erhitzen, dann mit einem Schaumlöffel aus der Sauce nehmen und auf vorgewärmte, tiefe Teller geben.

16. Die Cannelloni auf den Lauch setzen. Die Sauce nochmals kurz aufmixen und über die Cannelloni gießen, jeweils 3 Pfifferlinge daneben legen.

Hausgemachte Nudeln mit Pfifferlingen und Paprikabutter

Für die Paprikabutter brauchen Sie einen Entsafter.

Für 4 Personen:	
Für den Teig:	
500 g	*Mehl*
100 g	*Hartweizengrieß*
6	*Eier*
2 Eßl.	*Olivenöl*
2 Eßl.	*Wasser*
	Salz
Für die Paprikabutter:	
350 g	*rote Paprikaschoten*
	Saft von
2	*Zitronen*
60 g	*weiche Butter*
Für die Sauce und die Pfifferlinge:	
4 Eßl.	*Noilly Prat (trockener französischer Wermut)*
5 Eßl.	*trockener Weißwein*
3/4 l	*Gemüsebrühe (Rezept Seite 54)*
200 g	*Crème double*
160 g	*Pfifferlinge*
	Salz
	etwas Zitronensaft
30 g	*Butter*
Arbeitsaufwand:	
	etwa 1 1/4 Stunden
Ruhezeit:	
	etwa 1 Stunde
Garzeit:	
	etwa 30 Minuten

Hausgemachte Nudeln sind im Geschmack unübertroffen. Und mit einer Nudelmaschine sind sie auch ganz leicht zuzubereiten.
Wichtig ist, daß Sie den Teig so lange (5–10 Minuten) durchkneten, bis er schön glatt ist und glänzt. Die Ruhezeit ist ebenfalls wichtig, damit der Kleber des Mehls aktiv werden kann.
Durch den Hartweizengrieß im Teig werden die Nudeln etwas fester und bleiben beim Garen bißfest.
Wenn Sie keine Nudelmaschine besitzen, können Sie die Nudeln natürlich trotzdem zubereiten. Den Teig auf der leicht bemehlten Arbeitsfläche gleichmäßig und sehr dünn ausrollen.
Den Teig dann mit einem scharfen Messer zu Nudeln schneiden. Weiterverfahren, wie im Rezept beschrieben.
Die Menge des Nudelteiges ist relativ viel, da er dann besser gelingt. Die Nudeln, die Sie nicht essen, können Sie (vor dem Kochen) völlig trocknen lassen und dann gut verschlossen aufbewahren.
Dieses Grundrezept für Nudelteig können Sie natürlich beliebig variieren.
So schmeckt zu den Nudeln auch eine Tomatensauce (Rezept Seite 74). Die angerichteten Nudeln dann mit fein geschnittener schwarzer Trüffel garnieren.
Oder Sie mischen die Nudeln mit Gemüsejulienne. Dazu Möhren und Zucchini nach dem Putzen in feine, gleichmäßig dünne Streifen (Julienne) schneiden und getrennt in Wasser mit etwas Butter bißfest garen. Die Gemüsejulienne mit den gegarten Nudeln mischen.

1. Das Mehl auf ein Backbrett sieben. Den Grieß, die Eier, das Öl, das Wasser und Salz dazugeben und alles vermischen.

2. Den Teig nun so lange kneten, bis er glatt und glänzend ist. Den Teig zu einer Kugel formen, mit einem Tuch abdecken und bei Zimmertemperatur etwa 1 Stunde ruhen lassen.

3. Den Teig in 4 gleich große Stücke teilen und nacheinander durch die Nudelmaschine drehen. Die Teigstreifen auf ein Küchentuch legen.

4. Die Maschine auf die dünnste Stufe einstellen und die Walze zum Nudelschneiden einlegen. Die Teigblätter zum Schneiden noch einmal durch die Maschine drehen. Die Nudeln auf ein bemehltes Küchentuch legen.

5. Für die Paprikabutter die Paprikaschoten waschen, von den Stielen, den Kernen und den Trennwänden befreien und in Stücke schneiden.
Die Paprikastücke durch den Entsafter geben.

6. Den Paprikasaft mit dem Zitronensaft und etwa 200 ml Wasser mischen und einige Minuten stehenlassen, bis sich die festen Bestandteile oben absetzen. Das Paprikamark mit einem Schaumlöffel abheben. Die weiche Butter mit dem Paprikamark verrühren und kalt stellen.

7. In einem Topf den Noilly Prat mit dem Weißwein einmal aufkochen. Die Gemüsebrühe dazugießen und alles bei starker Hitze auf ein Drittel einkochen lassen. Die Crème double untermischen und die Sauce weitere 10 Minuten kochen lassen.

8. Für die Nudeln 3 l Salzwasser zum Kochen bringen. Die Pfifferlinge putzen, dann in 1 Eßlöffel Wasser und wenig Salz etwa 2 Minuten dämpfen. Die Pilze warm halten. Die Nudeln im Wasser in etwa 2 Minuten bißfest kochen. Dann durch ein Sieb abgießen und kurz überspülen.

9. Die Paprikabutter in die noch heiße Sauce rühren. Die Sauce im Mixer bei höchster Stufe aufschlagen. Die Sauce mit Salz und etwas Zitronensaft abschmecken.

10. Die Butter in einer Pfanne erhitzen. Die Nudeln darin kurz schwenken. Die Nudeln auf vorgewärmten Tellern anrichten. Die Pfifferlinge darauf legen und mit der Sauce umkränzen.

Ricotta-Ravioli mit Oliven-Vinaigrette

Ricotta ist ein milder, delikater Frischkäse aus Schaf- oder Kuhmilch.

Für 4 Personen:	
Für den Teig:	
200 g	*Mehl*
100 g	*Hartweizengrieß*
1	*Ei*
3	*Eigelb*
6 Eßl.	*Milch*
30 g	*Öl, Salz*
Für die Füllung:	
1 Teel.	*Olivenöl*
1 Teel.	*Estragonessig, Salz*
1	*Artischocke*
1	*kleines Bund Basilikum*
100 g	*Ricotta, weißer Pfeffer*
Für die Vinaigrette:	
2	*Tomaten*
10	*schwarze Oliven*
5	*grüne Oliven*
1	*Bund Schnittlauch*
1	*Messerspitze Senf*
1 1/2 Eßl.	*alter Aceto balsamico*
2 1/2 Eßl.	*junger Aceto balsamico*
2 Eßl.	*Gemüsebrühe (Rezept Seite 54)*
1 1/2 Eßl.	*reduzierter Portwein*
1 1/2 Eßl.	*reduzierter Madeira*
	Salz, weißer Pfeffer
5 Eßl.	*Olivenöl*
3 Eßl.	*Sonnenblumenöl*
Außerdem:	
1	*Ei zum Bestreichen*
	Mehl zum Bestäuben
Arbeitsaufwand:	
	etwa 1 1/2 Stunden
Ruhezeit:	
	etwa 1 Stunde
Garzeit:	
	etwa 20 Minuten

1. Für den Teig das Mehl auf ein Backbrett sieben. Den Grieß, das Ei, die Eigelbe, die Milch, das Öl und Salz untermischen und alles so lange verkneten, bis der Teig glatt und glänzend ist.

2. Den Teig zu einer Kugel formen, mit einem Tuch abdecken und etwa 1 Stunde bei Zimmertemperatur ruhen lassen.

3. Inzwischen für die Füllung in einem Topf 1/2 l Wasser mit dem Olivenöl, dem Estragonessig und Salz zum Kochen bringen.

4. Von der Artischocke mit einem scharfen Messer den Stiel entfernen und die Blätter abschneiden. Vom Artischockenboden mit einem Löffel das Heu (innere Haare) abschaben. Den Artischockenboden sofort in das kochende Wasser legen, damit er sich nicht verfärbt. Dann bei starker Hitze in 10–15 Minuten garen.

5. Den Artischockenboden herausnehmen, abkühlen lassen und würfeln.

6. Das Basilikum von den Stielen zupfen, es sollen 10–15 Blätter sein. Die Blätter waschen, trockentupfen und in feine Streifen schneiden.

7. Den Ricotta in einer Schüssel glattrühren. Das Basilikum und die Artischocke untermischen und alles mit Salz und Pfeffer gut abschmecken.

8. Für die Vinaigrette in einem Topf 1/2 l Wasser zum Kochen bringen. Die Tomaten 1–2 Minuten einlegen, dann herausnehmen und die Haut abziehen. Die Tomaten halbieren, die Kerne entfernen und das Tomatenfleisch klein würfeln.

9. Die Oliven halbieren, entsteinen und klein würfeln. Den Schnittlauch waschen, trockentupfen und in feine Ringe schneiden.

10. In einer Glasschüssel den Senf, beide Essigsorten, die Gemüsebrühe, den Portwein und den Madeira mit Salz und Pfeffer gut glattrühren. Die beiden Ölsorten unterschlagen.

11. Die Tomaten, die Oliven und den Schnittlauch untermischen.

12. Den Ravioliteig halbieren und mit der Nudelmaschine zu 1 mm dünnen Platten ausrollen. Auf eine Teigplatte die Ricottamischung in kleinen Häufchen aufsetzen. Das Ei verquirlen und die Zwischenräume damit bestreichen. Die zweite Teigplatte vorsichtig auflegen und an den Rändern und in den Zwischenräumen gut andrücken.

13. Mit einem Ravioliausstecher von 5 cm Durchmesser Ravioli ausstechen, mit Mehl bestäuben und auf ein Tuch legen.

14. In einem Topf etwa 2 l Wasser zum Kochen bringen und salzen. Die Ravioli darin etwa 2 Minuten garen.

15. Die Ravioli abgießen, auf vorgewärmten Tellern anrichten und mit der Oliven-Vinaigrette überziehen.

Meine Tips:

Sie können auch gleich die doppelte Menge Nudelteig zubereiten und den restlichen Teig für Nudeln verwenden. Bei der Vinaigrette ist es wichtig, daß Sie guten Essig (Aceto balsamico) verwenden, sonst schmeckt sie zu intensiv.

Lauwarmer Nudelsalat mit roh marinierten Steinpilzen

Frische Steinpilze sollten Sie nicht länger als 2–3 Tage aufbewahren. Beim Kauf müssen sie schön fest und trocken sein.

Für 4 Personen:	
Für den Teig:	
200 g	Mehl
100 g	Hartweizengrieß
1	Ei
3	Eigelb
6 Eßl.	Wasser
30 g	Öl
	Salz
Für das Dressing:	
	Saft von
1/2	Zitrone
3 Eßl.	Wasser
	Salz
	frisch gemahlener weißer Pfeffer
8 Eßl.	Olivenöl
Für die Steinpilze:	
180 g	Steinpilze
1	Spritzer Rotweinessig
	Salz
	frisch gemahlener weißer Pfeffer
5 Eßl.	Olivenöl
Zum Garnieren:	
10	Basilikumblätter, fein geschnitten
1	Handvoll Feldsalat
Arbeitsaufwand:	
	etwa 1 1/4 Stunden
Ruhezeit:	
	etwa 1 Stunde
Garzeit:	
	etwa 10 Minuten

1. Das Mehl auf ein Backbrett sieben. Den Grieß, das Ei, die Eigelbe, das Wasser, das Öl und Salz dazugeben und alles vermischen.

2. Den Teig nun so lange kneten, bis er glatt und glänzend ist. Den Teig zu einer Kugel formen, mit einem Tuch abdecken und bei Zimmertemperatur etwa 1 Stunde ruhen lassen.

3. Den Teig in 4 gleich große Stücke teilen und nacheinander durch die Nudelmaschine drehen. Die Teigstreifen auf ein Küchentuch legen.

4. Die Maschine auf die dünnste Stufe stellen und die Walze zum Nudelschneiden einlegen. Die Teigblätter zum Schneiden noch einmal durch die Maschine drehen. Die Nudeln auf ein bemehltes Küchentuch legen.

5. Für das Dressing den Zitronensaft mit dem Wasser, Salz und Pfeffer verrühren. Das Olivenöl unterschlagen. Zum Garnieren den Feldsalat waschen und durch das Dressing ziehen.

6. Die Steinpilze putzen und von den Stielenden befreien, dann mit einem feuchten Tuch abwischen. Die Pilze in feine Scheiben schneiden.

7. Den Rotweinessig mit Salz und Pfeffer verrühren. Das Öl untermischen. Die Pilze vorsichtig mit der Marinade mischen.

8. In einem großen Topf etwa 3 l Wasser zum Kochen bringen und salzen. Die Nudeln darin in etwa 2 Minuten bißfest garen.

9. Die gegarten Nudeln durch ein Sieb abgießen und kurz überspülen.

10. Die lauwarmem Nudeln mit dem Dressing mischen und gleichmäßig auf Tellern verteilen.

11. Die Steinpilze auf den Nudeln plazieren und mit dem feingeschnittenen Basilikum bestreuen. Den Feldsalat daneben anrichten.

Gebackene Reisorangen mit Tomatensauce

Für dieses Gericht brauchen Sie Vialone-Reis, den Sie in italienischen Feinkostgeschäften kaufen können.

Für 4 Personen:	
Für die Reisorangen:	
1 l	*Gemüsebrühe (Rezept Seite 54)*
	Salz
2	*Schalotten*
30 g	*Öl*
200 g	*Vialone-Reis (Risottoreis)*
1 Eßl.	*reduzierter trockener Weißwein*
20 g	*frisch geriebener Parmesan*
40 g	*Schweizer Käse*
2	*Eier*
200 g	*Mie de pain (siehe Tip Seite 34)*
Für die Sauce:	
400 g	*vollreife französische*
	oder spanische Tomaten
80 g	*Butter*
100 g	*Sahne*
	Salz
	frisch gemahlener weißer Pfeffer
1	*Prise Zucker*
Zum Ausbacken:	
1 l	*Sonnenblumenöl*
Zum Garnieren:	
	Basilikumblättchen
Arbeitsaufwand:	
	etwa 40 Minuten
Garzeit:	
	etwa 30 Minuten

1. Die Gemüsebrühe in einem Topf zum Kochen bringen und salzen. Die Schalotten fein würfeln.

2. Das Öl in einer Kasserolle erhitzen. Die Schalotten darin bei schwacher Hitze etwa 5 Minuten anschwitzen, dabei nicht braun werden lassen. Den Reis hinzufügen und so lange unter Rühren andünsten, bis er glasig ist.

3. Nun 1/8 l von der leise kochenden Gemüsebrühe angießen und verdampfen lassen.

4. Mit einer Schöpfkelle immer wieder Gemüsebrühe zum Reis gießen und einkochen lassen, dabei häufig umrühren. Der Reis ist fertig, wenn alle Flüssigkeit verbraucht ist. Das dauert etwa 20 Minuten.

5. Kurz vor Ende der Garzeit den reduzierten Weißwein und den Parmesan unter den Reis rühren.

6. Den Reis von der Kochstelle nehmen und abkühlen lassen.

7. Den Schweizer Käse in kleine Würfel schneiden.

8. In einem Topf 1 l Wasser zum Kochen bringen. Die Tomaten 1–2 Minuten einlegen, dann herausnehmen und die Haut abziehen. Die Kerne aus den Tomaten lösen, die Tomaten vierteln.

9. Die Hälfte der Butter in einer Sauteuse erhitzen. Die Tomaten hinzufügen und bei mittlerer Hitze etwa 4 Minuten darin ziehen lassen.

10. Die Tomaten durch ein Sieb passieren und wieder erwärmen. Die restliche Butter in kleinen Stücken einrühren. Die Sahne unterrühren und die Sauce mit Salz, Pfeffer und dem Zucker gut abschmecken.

11. Das Sonnenblumenöl in einem Topf auf 160° erhitzen. Sie können die richtige Hitze erkennen, wenn Sie vorsichtig einen Tropfen ins heiße Fett geben. Wenn es spritzt, ist das Fett heiß genug.

12. Den Reis in Portionen von jeweils 90 g teilen und auf der Handfläche flach auseinanderdrücken. Jeweils 5 g Käsewürfel in die Mitte als Füllung geben und den Reis darüber wieder zusammendrücken. Den Reis zu glatten, runden Knödeln formen.

13. Die Eier in einem tiefen Teller gut verquirlen. Die Reisorangen darin drehen, herausnehmen und in dem Mie de pain rollen.

14. Die Reisorangen in das heiße Öl legen und in etwa 2 Minuten goldgelb ausbacken. Die Reisorangen mit einem Schaumlöffel aus dem Öl heben und kurz auf Küchenkrepp abtropfen lassen.

15. Die Tomatensauce auf vorgewärmte Teller geben. Die Reisorangen darauf setzen. Mit Basilikum garnieren.

Meine Tips:

Die Tomatensauce, mit frischem Basilikum vermischt, schmeckt sehr gut zu selbstgemachten Nudeln. Das Rezept für die Nudeln finden Sie auf Seite 68. Wenn Sie die Tomatensauce mit Gemüsebrühe verdünnen, erhalten Sie eine schmackhafte Tomatensuppe.

Timbale von Bali-Reis mit Currysauce

Nehmen Sie den schlanken Basmati-Langkornreis, den Sie in Asienläden kaufen können.

Für 4 Personen:	
Für die Timbale:	
4 Eßl.	*Olivenöl*
40 g	*Fadennudeln*
150 g	*Basmati-Reis*
1/4 l	*Gemüsebrühe (Rezept Seite 54)*
	Salz
1 Eßl.	*schwarze Teeblätter*
2 Eßl.	*Rosinen*
1/2	*Banane, fein gewürfelt*
3 Eßl.	*frische Ananaswürfel*
1 Eßl.	*Pistazien*
2 Eßl.	*Mandelhobel*
1 Eßl.	*Pinienkerne*
1 Eßl.	*Ananassaft*
1 Eßl.	*kalte Butter*
Für die Sauce:	
1	*Schalotte*
3 Eßl.	*trockener Weißwein*
2 Eßl.	*Noilly Prat (trockener französischer Wermut)*
1/2 Teel.	*Currypulver*
5 Eßl.	*Gemüsebrühe (Rezept Seite 54)*
200 g	*Crème double*
1/2 Teel.	*Zitronensaft*
	Salz
2 Eßl.	*geschlagene Sahne*
Zum Garnieren:	
	Bananenscheiben
	Ananasscheiben
	Rosinen
	gemahlene Pistazien
Arbeitsaufwand:	
	etwa 40 Minuten
Garzeit:	
	etwa 40 Minuten

1. Den Backofen auf 220° vorheizen.

2. Das Olivenöl in einem Topf mit feuerfesten Griffen erhitzen. Die Fadennudeln grob zerbrechen und in dem Öl hellbraun anrösten. Das überschüssige Fett abgießen, dann den Reis dazugeben und alles gut durchrühren. Die Gemüsebrühe angießen und einmal aufkochen.

3. Den Reis zudecken und im Backofen 25–30 Minuten garen.

4. Inzwischen den schwarzen Tee mit 100 ml kochendem Wasser übergießen und etwa 3 Minuten ziehen lassen. Dann durch ein Sieb gießen. Die Rosinen in den Tee geben und etwa 10 Minuten einweichen. Dann in ein Sieb gießen, abtropfen lassen und zur Seite stellen.

5. Für die Sauce die Schalotte fein schneiden. Den Weißwein, den Noilly Prat, die Schalotte und den Curry in eine Sauteuse geben und einmal aufkochen. Die Gemüsebrühe dazugießen und alles bei starker Hitze auf die Hälfte reduzieren (einkochen lassen).

6. Dann die Crème double unterrühren und alles noch einmal etwa 10 Minuten bei mittlerer Hitze köcheln lassen. Die Sauce durch ein Sieb gießen und im Mixer aufschlagen. Dann mit dem Zitronensaft und Salz würzen.

7. Den gegarten Reis aus dem Ofen nehmen und mit einer Gabel lockern. Die Banane, die Ananaswürfel, die Pistazien, die Mandeln, die Pinienkerne und die Rosinen unterrühren. Zuletzt den Ananassaft und die kalte Butter untermischen. Die geschlagene Sahne unter die Sauce heben.

8. Eine Kaffeetasse mit wenig Wasser ausspülen. Den Bali-Reis portionsweise einfüllen, gut andrücken und auf vorgewärmte Teller geben. Mit der Currysauce umgießen. Mit den Früchten, den Rosinen und den Pistazien garnieren.

Brennessel-Risotto

Nehmen Sie für den Risotto am besten Vialone-Reis, einen italienischen Rundkornreis.

Für 4 Personen:	
	Salz
100 g	*Brennessseln*
1 l	*Gemüsebrühe (Rezept Seite 54)*
3	*Schalotten*
100 g	*Butter*
300 g	*Risottoreis (Vialone)*
4	*Tomaten*
	Salz
	frisch gemahlener weißer Pfeffer
Arbeitsaufwand:	
	etwa 30 Minuten
Garzeit:	
	etwa 30 Minuten

1. In einem Topf 1/4 l Wasser zum Kochen bringen und salzen.

2. Die Brennesselblätter von den Stielen zupfen und waschen. Dann in dem kochenden Salzwasser etwa 1 Minute blanchieren. Die Brennesseln aus dem Sud nehmen, in einem Sieb abtropfen lassen und beiseite stellen. Den Sud bei schwacher Hitze auf der Kochstelle stehenlassen.

3. Die Gemüsebrühe in einem Topf zum Kochen bringen.

4. Die Schalotten schälen und in kleine Würfel schneiden. Die Hälfte der Butter in einem Topf erhitzen. Die Schalotten darin bei mittlerer Hitze etwa 5 Minuten anschwitzen. Dann den Reis hinzufügen und unter Rühren so lange mitgaren, bis er glasig ist.

5. Die Hälfte des Brennesselsuds angießen und verdampfen lassen.

6. Mit einer Schöpfkelle immer wieder Brennesselsud und die Gemüsebrühe zum Reis gießen und einkochen lassen, dabei häufig umrühren. Der Reis ist fertig, wenn alle Flüssigkeit verbraucht ist. Das dauert etwa 20 Minuten.

7. Etwa 1/2 l Wasser zum Kochen bringen. Die Tomaten 1–2 Minuten einlegen, dann herausnehmen und die Haut abziehen. Den Strunk mit einem kleinen Messer herausschneiden. Die Tomaten halbieren, die Kerne entfernen und das Fruchtfleisch in kleine Würfel schneiden.

8. Die restliche Butter in einer Sauteuse aufschäumen lassen. Die Tomaten darin etwa 1 Minute sautieren, dann mit Salz und Pfeffer würzen.

9. Die blanchierten Brennesselblätter im Mixer zerkleinern, durch ein Sieb streichen und unter den Risotto mischen. Den Risotto abschmecken.

10. Eine Kaffeetasse mit wenig Wasser ausspülen. Den Brennesselrisotto portionsweise in die Tasse geben,andrücken und auf vorgewärmte Teller stürzen. Die Portionen mit den Tomatenwürfeln umkränzen.

Meine Tips:

Statt Brennesseln können Sie für den Risotto auch Radicchio rosso nehmen. Den Radicchio waschen in Julienne (feine Streifen) schneiden und in etwa 1/2 l Wasser etwa 1 Minuten blanchieren. Erst etwa 1 Minute vor dem Servieren unter den Reis mischen.
Zu dem Risotto schmecken pochierte Eier sehr gut.

Gefüllter Fenchel mit Mais

Mais zählt zu den wichtigsten Getreidepflanzen der Welt.

Für 2 Personen:	
300 ml	*Milch*
50 g	*Butter*
	Salz
	frisch gemahlener weißer Pfeffer
	frisch geriebene Muskatnuß
70 g	*Maismehl (Polenta)*
2	*große Fenchelknollen*
1	*kleine Schalotte*
300 ml	*trockener Weißwein*
400 ml	*Gemüsebrühe (Rezept Seite 54)*
2	*junge Maiskolben*
200 g	*Sahne*
50 g	*Gruyère-Käse*
Zum Garnieren:	
	1 kleine Möhre
	einige Dillspitzen
Arbeitsaufwand:	
	etwa 40 Minuten
Garzeit:	
	etwa 35 Minuten

1. Den Backofen auf 220° erhitzen.

2. Die Milch und 20 g Butter in einem Topf mit feuerfesten Griffen aufkochen. Mit Salz, Pfeffer und wenig Muskat würzen. Das Maismehl mit einem Schneebesen rasch einrühren und einmal aufkochen lassen.

3. Die Polenta zugedeckt in den Backofen auf den Rost stellen und etwa 30 Minuten garen. Dann herausnehmen und zur Seite stellen. Den Backofen eingeschaltet lassen.

4. Von den Fenchelknollen das Grün und die holzigen Stengelteile entfernen. Die Knollen der Länge nach halbieren und die einzelnen Schichten auseinanderlösen. Diese Schiffchen hübsch zurechtschneiden.

5. Die Schalotte fein schneiden. Den Weißwein mit der Schalotte in einem Topf aufkochen, dann die Gemüsebrühe dazugießen und würzen.

6. Die Fenchelstücke in dem Fond bei mittlerer Hitze in etwa 5 Minuten fast gar kochen. Dann herausheben und auf ein Küchentuch legen.

7. Die Maiskörner mit einem Messer von den Kolben schneiden. Die restlichen 30 g Butter in einer Sauteuse leicht braun werden lassen. Die Maiskörner dazugeben und bei schwacher Hitze etwa 2 Minuten darin schwenken. Die Maiskörner unter die Polentamasse mischen.

8. Die Sahne steif schlagen. Den Käse fein reiben und unter die Schlagsahne ziehen. Für die Garnitur die Möhre schälen, in Stifte schneiden und in Salzwasser blanchieren. Dann kalt abschrecken und auf Küchenkrepp abtropfen lassen.

9. Zwei Drittel der Sahnemischung unter die Polentamasse heben und die Fenchelschiffchen damit füllen.

10. Die Fenchelschiffchen mit der restlichen Sahnemischung bestreichen, auf ein Backblech setzen und im Backofen (Mitte) etwa 5 Minuten backen, bis sie leicht braun sind.

11. Den Fenchel auf Tellern anrichten. Mit den Möhrenstreifen und Dill garnieren.

Aufläufe und Gemüsegerichte

Die köstlichen Gemüsegerichte und knusprigen Aufläufe, die nun folgen, zeigen, daß vegetarische Küche wirklich höchsten kulinarischen Ansprüchen genügt. Hier finden Sie auch das wichtige Grundrezept für Blätterteig, der selbstgemacht einfach am besten schmeckt.

Gemüsepaella mit Tomatenragout

Für dieses Gericht brauchen Sie vollreife, aromatische Tomaten, am besten sind deutsche Gärtnertomaten, die keinen langen Transport benötigen.

Für 6 Personen:

Für die Paella:	
360 g	*Langkornreis (am besten Basmati-Reis)*
100 g	*frische Dicke Bohnen*
	Salz
150 g	*Möhren*
150 g	*Zucchini*
100 g	*Zuckerschoten*
100 g	*Champignons*
2	*Schalotten*
1	*Knoblauchzehe*
100 g	*Butter*
1 g	*Safranfäden*
	frisch gemahlener weißer Pfeffer
2 Eßl.	*reduzierter trockener Weißwein*
Für das Tomatenragout:	
1 kg	*vollreife Tomaten*
30 g	*Butter*
	Salz
	frisch gemahlener weißer Pfeffer
1 Teel.	*gehacktes Basilikum*
1 Eßl.	*reduzierter trockener Weißwein*
Quellzeit:	
	24 Stunden
Arbeitsaufwand:	
	etwa 45 Minuten
Garzeit:	
	etwa 35 Minuten

1. Den Reis in eine Schüssel geben, mit Wasser bedecken und etwa 24 Stunden quellen lassen.

2. Dann die Dicken Bohnen aus der Schale brechen und von der äußeren Haut befreien. 1/2 l Wasser mit Salz zum Kochen bringen. Die Dicken Bohnen darin etwa 15 Minuten garen. Die Bohnen herausnehmen.

3. Die Möhren schälen und in etwa 3 cm lange Stücke schneiden. Die Stücke halbieren und mit einem kleinen Gemüsemesser olivenförmig zurechtschneiden (tournieren). Die Möhren in 1/2 l kochendem Salzwasser etwa 3 Minuten blanchieren.

4. Die Zucchini waschen und in 3 cm lange Stücke schneiden. Diese halbieren und ebenfalls olivenförmig tournieren. Die Zucchini in kochendem Salzwasser 1–2 Minuten blanchieren.

5. Die Zuckerschoten waschen und ebenfalls etwa 2 Minuten blanchieren. Dann herausnehmen und in etwa 2 cm große Rauten schneiden. Von dem Gemüsekochwasser 1/2 l abmessen.

6. Die Champignons putzen und vierteln. Die Schalotten und den Knoblauch fein schneiden. Den Backofen auf 200° vorheizen.

7. In einer Pfanne von mindestens 10 cm Höhe (mit Deckel) 50 g Butter aufschäumen lassen. Die Schalotten und den Knoblauch darin sautieren.

8. Den Reis abtropfen lassen, zu den Schalotten in die Pfanne geben und unter ständigem Rühren 2–3 Minuten sautieren, bis er glasig ist. Das Gemüsekochwasser angießen, den Safran einstreuen und unter Rühren auflösen.

9. Den Reis zugedeckt im Backofen etwa 20 Minuten quellen lassen.

10. Den Reis aus dem Backofen nehmen und mit Salz und Pfeffer würzen. Den reduzierten Weißwein und 20 g kalte Butter in Stücken unterrühren.

11. In einem großen Topf 1 l Wasser zum Kochen bringen. Die Tomaten für 1–2 Minuten einlegen, dann herausnehmen und die Haut abziehen. Den Strunk und die Kerne entfernen, das Tomatenfleisch klein würfeln.

12. Die Champignons mit weiteren 20 g Butter bei starker Hitze kurz sautieren. Dann alle Gemüse dazugeben und bei schwacher Hitze 2–3 Minuten dämpfen. Die Hälfte des Gemüses unter den Reis mischen. Das restliche Gemüse warm stellen.

13. Für das Tomatenragout die Butter erwärmen. Die Tomaten darin etwa 2 Minuten sautieren. Dann mit Salz und Pfeffer würzen und mit dem Basilikum und dem reduzierten Weißwein verfeinern.

14. Die Gemüsepaella auf vorgewärmte Teller anrichten. Das restliche Gemüse in der übrigen Butter rasch anschwenken und rund um die Paella anrichten. Das Tomatenragout darauf verteilen.

Mein Tip:

Dicke Bohnen sollten Sie nur von Juni bis September verwenden, wenn die Samen innen noch milchig-weiß sind. Bei der Vorbereitung die Schalen öffnen, die Bohnen auspalen, verlesen, waschen und abtropfen lassen.

Cassoulet von Pilzen

Verwenden Sie für die Zubereitung von Pilzen niemals eine Kupferpfanne, das Metall würde oxydieren.

	Für 6 Personen:
300 g	kleine Champignons
1/2 l	Gemüsebrühe (Rezept Seite 54)
1/4 l	Estragonessig
1	Bund Basilikum
1	Bund Estragon
	Salz
500 g	grüner Spargel
	Saft von
1/2	Zitrone
1/2 Teel.	Zucker
1	Scheibe Weißbrot
	Für die Kapernsauce:
1	Schalotte
200 g	Crème double
100 g	Sahne
3 Teel.	Estragonessig
3 Teel.	Himbeeressig
1 Teel.	Senf
	Salz
	frisch gemahlener weißer Pfeffer
1 Teel.	reduzierter trockener Weißwein
1 Teel.	Zitronensaft
2	Tomaten
1	Avocado
1/2	Zitrone zum Einreiben
50 g	Kapern
	Zum Garnieren:
50 g	Kapern
	Arbeitsaufwand:
	etwa 40 Minuten
	Marinierzeit:
	etwa 30 Minuten
	Garzeit:
	etwa 10 Minuten

1. Die Champignons putzen, von den Stielenden befreien und mit einem feuchten Tuch abreiben.

2. Die Gemüsebrühe mit dem Estragonessig, den gewaschenen Kräutern und Salz erhitzen. Die Champignons dazugeben und einmal aufkochen.

3. Die Pilze von der Kochstelle nehmen und etwa 30 Minuten zugedeckt ziehen lassen. Sie bleiben dabei warm.

4. Inzwischen den Spargel von den Enden befreien und schälen.

5. In einem Topf etwa 1 1/2 l Wasser mit dem Zitronensaft, dem Zucker, Salz und dem Weißbrot zum Kochen bringen. Den Spargel dazugeben und je nach Stärke der Stangen zugedeckt 6–8 Minuten bei mittlerer Hitze leise kochen lassen.

6. Den Spargel mit einem Schaumlöffel aus dem Wasser heben, auf ein Tuch legen und abtropfen lassen. Dann in etwa 4 cm lange Stücke schneiden und warm stellen.

7. Für die Kapernsauce die Schalotte würfeln. Die Crème double und die Sahne in den Mixer geben. Die beiden Essigsorten, die Schalotte, den Senf, Salz, Pfeffer, den reduzierten Weißwein und den Zitronensaft hinzufügen. Alles gründlich mixen, dann in eine Glasschüssel füllen.

8. In einem Topf 1/2 l Wasser aufkochen. Die Tomaten 1–2 Minuten einlegen, dann herausnehmen und die Haut abziehen. Die Tomaten vierteln und die Kerne entfernen. Das Fruchtfleisch in kleine Würfel schneiden.

9. Die Avocado halbieren, vom Kern befreien, schälen und das Fruchtfleisch mit der Zitrone einreiben. Dann in kleine Würfel schneiden. Die Kapern ebenfalls kleinschneiden.

10. Die Tomatenwürfel, die Avocadostücke und die geschnittenen Kapern unter die Sauce rühren. Die Sauce abschmecken und eventuell mit etwas Zitronensaft nachwürzen.

11. Die marinierten Champignons aus dem Sud nehmen und abtropfen lassen.

12. Die Spargelstücke und die Champignons auf Tellern anrichten. Die Kapernsauce darübergeben, mit den ganzen Kapern garnieren.

Meine Tips:

Fragen Sie Ihren Gemüsehändler nach Egerlingen, sie schmecken wesentlich kräftiger als Zuchtchampignons.
Zu dem Cassoulet passen Salzkartoffeln, die Sie vor dem Garen tournieren sollten.

Artischockensoufflé mit Kerbelsauce

Damit das Soufflé gut gelingt, das Eiweiß zu einem cremigen, nicht zu steifen Schnee schlagen und während des Schlagens 1 Teelöffel Kartoffelstärke einstreuen.

Für 4 Personen:	
4	*feuerfeste Timbale-Förmchen*
	von 8 – 10 cm Durchmesser
4	*Artischocken*
200 ml	*Estragonessig*
	Saft von
2	*Zitronen*
	Salz
400 g	*Sahne*
4	*Eiweiß*
1 Teel.	*Kartoffelstärke*
4	*Eigelb*
30 g	*Mie de pain (siehe Tip Seite 34)*
	frisch gemahlener weißer Pfeffer
Für die Förmchen:	
	etwas Butter
	Brösel zum Ausstreuen
Für die Sauce:	
1 Eßl.	*Kerbelblättchen*
200 g	*Crème double*
1 Teel.	*Zitronensaft*
	Salz
	frisch gemahlener weißer Pfeffer
Arbeitsaufwand:	
	etwa 45 Minuten
Garzeit:	
	etwa 45 Minuten

1. Von den Artischocken die Stiele entfernen. Die Blätter herausziehen. Von den inneren kleinen Blättern einige zum Garnieren beiseite legen.

2. In einem Topf 1 l Wasser mit dem Estragonessig, dem Zitronensaft und Salz zum Kochen bringen.

3. Von den Artischockenböden mit einem Löffel das Heu (innere Haare) entfernen. Die Böden und die Blätter sofort in das kochende Wasser geben und etwa 3 Minuten blanchieren. Die Böden und die Blätter abgießen. Die Blätter kalt abschrecken und auf Küchenkrepp abtropfen lassen.

4. Inzwischen in einer Sauteuse die Sahne erwärmen. Die Artischockenböden in Stücke schneiden, dazugeben und bei mittlerer Hitze in etwa 20 Minuten in der Sahne weich kochen. Dann beides in den Mixer geben und fein pürieren.

5. Das Artischockenpüree wieder in die Sauteuse geben und unter ständigem Rühren noch einmal 4–5 Minuten leise köcheln lassen, bis es eine leichte Bindung hat. Das Püree zur Seite stellen und unter mehrmaligem Umrühren abkühlen lassen.

6. Den Backofen auf 180° vorheizen. Die Timbale-Förmchen mit Butter ausstreichen und mit Bröseln ausstreuen.

7. Die Eiweiße in einem Schneekessel cremig aufschlagen. Dabei die Kartoffelstärke einrieseln lassen.

8. Eine längliche Bratpfanne etwa 3 cm hoch mit Wasser füllen. Ein Blatt Zeitungspapier in die Form legen. Das Wasser auf der Kochstelle einmal aufkochen lassen.

9. Die Eigelbe, das Mie de pain, Salz und Pfeffer unter die abgekühlte Artischockenmasse rühren. Die cremig gerührten Eiweiße vorsichtig unterheben.

10. Die Timbale-Förmchen zu zwei Dritteln mit der Artischockenmasse füllen und in das Wasser in die Bratpfanne stellen. Sie dürfen höchstens zur Hälfte im Wasser stehen.

11. Die Soufflés auf dem Rost auf den Backofenboden stellen und in etwa 15 Minuten goldgelb backen.

12. In der Zwischenzeit den Kerbel waschen und zum Abtropfen auf Küchenkrepp legen.

13. Die Crème double mit dem Kerbel, dem Zitronensaft, Salz und Pfeffer in den Mixer geben und kräftig durchmixen.

14. Mit der Kerbelsauce in die Mitte der Teller einen Spiegel gießen und die Soufflés darauf stürzen. Mit den Artischockenblättern garnieren. Sofort servieren!

Mein Tip:

Statt mit Artischocken können Sie das Soufflé auch mit Sellerie zubereiten. Dazu 250 g Sellerie schälen, in etwa 1 cm große Würfel schneiden und in 1/2 l Salzwasser mit 1 Teelöffel Zitronensaft etwa 15 Minuten kochen. Dann wie beschrieben zubereiten.

Petersiliensabayon mit pochiertem Wachtelei

Petersilie ist ein Genuß für die Zunge und außerdem sehr gesund, da sie viel Vitamin C enthält.

Für 4 Personen:	
Für das Petersiliensabayon:	
200 g	*Kartoffeln*
	Salz
3	*Bund Petersilie (die Blättchen sollen abgezupft 90 g ergeben)*
2–3 Eßl.	*Gemüsebrühe (Rezept Seite 54)*
50 g	*junger Roquettesalat (Rucola)*
3	*Eier*
1	*Eigelb*
	frisch gemahlener weißer Pfeffer
1/2 Eßl.	*reduzierter trockener Weißwein*
	einige Tropfen Zitronensaft
200 g	*lauwarme Sahne*
Für die Wachteleier:	
1 l	*Gemüsebrühe (Rezept Seite 54)*
1 Eßl.	*Estragonessig*
20	*Wachteleier*
Arbeitsaufwand:	
	etwa 45 Minuten
Garzeit:	
	etwa 15 Minuten

1. Die Kartoffeln schälen und in etwa 3 cm lange Stücke schneiden. Die Stücke vierteln und olivenförmig zurechtschneiden (tournieren).

2. In einem Topf 1/2 l Salzwasser zum Kochen bringen. Die Kartoffeln dazugeben und zugedeckt bei mittlerer Hitze weich kochen.

3. Inzwischen die Petersilienblättchen abzupfen und waschen. Salzwasser zum Kochen bringen, die Petersilienblättchen hineinwerfen, einmal aufkochen lassen und sofort abgießen. Die Blättchen in Eiswasser abschrekken, in ein Sieb schütten und auf einem Tuch abtropfen lassen.

4. Die Petersilie etwas hacken und mit der Gemüsebrühe mit dem Pürierstab fein pürieren.

5. Den Roquettesalat waschen und trockenschwenken.

6. Das Petersilienpüree mit den Eiern und dem Eigelb in einem Schneekessel vermischen. Den Schneekessel über ein kochendes Wasserbad geben und die Masse aufschlagen, bis sie dicklich ist. Die Masse mit Salz und Pfeffer würzen, dann den reduzierten Weißwein, den Zitronensaft und die lauwarme Sahne unterheben.

7. Für die Wachteleier die Gemüsebrühe mit dem Essig in einem Topf zum Kochen bringen. Die Wachteleier einzeln in Tassen aufschlagen. Die Eier in die Gemüsebrühe gleiten lassen und etwa 2 Minuten darin ziehen lassen. Die Eier dann mit einem Schaumlöffel vorsichtig aus der Brühe heben und das Eiweiß mit der Schere glattschneiden.

8. Das Petersiliensabayon auf vorgewärmte Teller verteilen und mit dem Salat umkränzen. Die pochierten Wachteleier darauf setzen.

9. Die Kartoffeln abgießen und getrennt oder als Garnitur dazu servieren.

Mein Tip:

Das Petersiliensabayon schmeckt auch sehr gut zu Spargel oder zu Toast, mit Käse überbacken.

Blätterteig – selbst gemacht

Macht etwas Mühe und erfordert Sorgfalt.

Für etwa 1 kg Teig:	
Für den Teig:	
	400 g Mehl
10 g	*Salz*
150 ml	*Wasser*
1	*Eigelb*
Für die Buttermischung:	
500 g	*kalte Butter*
100 g	*Mehl*
Für die Arbeitsfläche:	
	Mehl
Arbeitsaufwand:	
	etwa 1 Stunde
Ruhezeit:	
	etwa 24 Stunden

Selbstgemachter Blätterteig schmeckt wesentlich besser als fertig gekaufter, deshalb lohnt es sich, das Rezept einmal auszuprobieren.
Damit der Teig beim Backen gut aufgeht (blättert), müssen Sie allerdings sehr sorgfältig arbeiten. Wichtig ist, daß der Teig, die Arbeitsfläche und möglichst auch die Küche schön kühl sind, damit die Butter beim Ausrollen (Touren) nicht schmilzt. Ideal ist also eine Arbeitsfläche aus Marmor, da sie kühl ist.

Außerdem sollten Sie die Teigschichten immer möglichst exakt übereinander legen, auch das ist entscheidend für das richtige Aufgehen. Und damit Sie die Schichten exakt übereinander legen können, muß auch das vorher ausgerollte Rechteck sehr gleichmäßig sein.
Wenn Sie häufig Blätterteig verwenden, können Sie gleich die doppelte Menge herstellen. Blätterteig läßt sich nämlich gut einfrieren. Er hält sich im Gefrierfach etwa 3 Monate. Am besten rollen Sie ihn zu Platten aus, lassen diese nebeneinander kurz anfrieren und legen die Platten dann zum endgültigen Einfrieren übereinander. So können Sie die benötigte Menge immer ganz leicht entnehmen. Vor dem Ausrollen müssen die Platten dann nur kurz antauen.

1. Für den Teig das Mehl auf ein Backbrett sieben und mit dem Salz, dem Wasser und dem Eigelb mischen. Alles zu einem glatten Teig verkneten und zugedeckt etwa 30 Minuten in den Kühlschrank stellen.

2. Für die Buttermischung die Butter rasch mit dem Mehl verkneten, zu einem Ziegel formen und ebenfalls etwa 30 Minuten kühlen.

3. Den Teig auf eine bemehlte Arbeitsfläche legen und vierlappig etwa 3 mm dünn ausrollen. Dazu legen Sie den Teig auf die Arbeitsfläche und rollen ihn von der Mitte her einmal nach oben und unten, dann auf beiden Seiten aus, so daß vier Lappen entstehen. Die Mitte des Teiges bleibt etwas dicker.

4. Den Butterziegel in die Mitte des Teiges geben. Den Ziegel mit dem Nudelholz etwas breiter ausrollen.

5. Die vier Teiglappen straff über das Butterstück spannen. Das Teigstück dann zur ersten Tour etwa fingerdick zu einem Rechteck ausrollen. Das überschüssige Mehl mit einem Pinsel abstäuben.

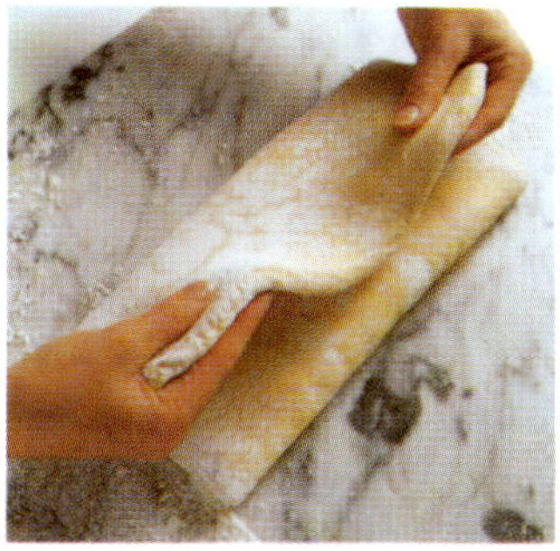

6. Das Teigstück dreiteilig zusammenlegen. Dazu erst ein Drittel des Teiges über das mittlere Drittel klappen, dann das übrige Drittel darüber legen. Die Teigschichten sollten möglichst exakt übereinander liegen.

7. Das Teigpaket um 90° drehen, so daß die Bruchkante rechts oder links ist. Die Teigschichten wiederum zu einem Rechteck ausrollen. Die Teigplatte dann vierteilig zusammenlegen. Immer möglichst rasch arbeiten, damit der Teig kühl bleibt. Außerdem immer wieder das überschüssige Mehl abstäuben.

8. Den Teig in eine Plastiktüte geben und etwa 30 Minuten im Kühlschrank ruhen lassen.

9. Den Teig dann wieder zu einem Rechteck ausrollen und dreiteilig zusammenlegen. Nochmals ausrollen und vierteilig zusammenklappen.

10. Den Teig etwa 1 Tag im Kühlschrank ruhen lassen, dann wie im jeweiligen Rezept beschrieben, verwenden. Im Kühlschrank hält sich der Teig bis zu 2 Tagen.

Spargel in Blätterteig mit Safransauce

Ein Hauptgericht für ein festliches Essen, das besonders praktisch ist, wenn Sie Gäste erwarten. Es läßt sich gut vorbereiten. Wenn Sie keinen frischen Blätterteig haben, können Sie auch tiefgefrorenen verwenden.

Für 4 Personen:	
Für den Spargel:	
24	*Stangen weißer Spargel*
	Salz
	1 Prise Zucker
	Saft von
1/2	*Zitrone*
1	*Scheibe Weißbrot*
400 g	*Blätterteig (Rezept Seite 92)*
1	*Eigelb zum Bestreichen*
Für die Sauce:	
1/2	*Schalotte*
1/2	*Fenchelknolle*
30 g	*Butter*
1/2 Eßl.	*Pernod*
2 Eßl.	*trockener Weißwein*
1/2 Eßl.	*Noilly Prat (trockener französischer Wermut)*
300 ml	*Gemüsebrühe (Rezept Seite 54)*
1/2 Teel.	*Safran*
150 g	*Crème double*
	Salz
	etwas Zitronensaft
Zum Garnieren:	
2	*Tomaten*
10 g	*Butter*
	Dillspitzen
Arbeitsaufwand:	
	etwa 1 Stunde
Garzeit:	
	etwa 30 Minuten

1. Den Spargel von den Enden befreien und von oben nach unten gründlich schälen.

2. In einem Topf etwa 1 1/2 l Wasser mit Salz, dem Zucker, dem Zitronensaft und dem Weißbrot zum Kochen bringen. Den Spargel dazugeben und 5–7 Minuten zugedeckt kochen lassen. Er soll noch Biß haben. Den Spargel mit einem Schaumlöffel aus dem Wasser heben, auf ein Tuch legen und abtropfen lassen.

3. Für die Garnitur die Tomate 1-2 Minuten in kochendes Wasser legen, in Eiswasser abschrecken ud häuten. Die Tomate klein würfeln. Für die Sauce die Schalotte kleinschneiden. Den Fenchel putzen, waschen und in Scheiben schneiden.

4. Die 30 g Butter in einer Sauteuse aufschäumen. Den Fenchel und die Schalotte darin anschwitzen. Den Pernod, den Weißwein und den Noilly Prat dazugeben und bei mittlerer Hitze einkochen lassen.

5. Die Gemüsebrühe angießen, den Safran untermischen. Alles bei starker Hitze auf etwa ein Viertel einkochen lassen. Dann die Crème double dazugeben und noch einmal etwa 10 Minuten kochen lassen. Die Sauce durch ein Sieb passieren.

6. Den Backofen auf 200° vorheizen.

7. Den Blätterteig dünn ausrollen und in 8 Rechtecke von 8 x 18 cm Größe schneiden. Jeweils 3 Spargelstangen auf die Rechtecke legen und in dem Teig einschlagen.

8. Die Päckchen auf ein Backblech legen. Das Eigelb verquirlen und die Teigstücke damit bestreichen.

9. Die Teigpäckchen im Backofen (Mitte) etwa 8 Minuten backen, bis sie gut durchgebacken sind.

10. Die Safransauce im Mixer oder mit dem Pürierstab aufschlagen, dann mit Salz und dem Zitronensaf tabschmecken. Die Tomaten in den 10 g Butter etwa 1 Minute anschwenken.

11. Mit der Sauce auf vorgewärmte Teller einen Spiegel gießen und pro Person 2 Spargelpäckchen darauf setzen. Mit den Tomaten und dem Dill garnieren.

Mein Tip:

In dieser Kombination schmeckt das Gericht am besten. Anstelle der Safransauce können Sie aber auch eine Zitronensauce zubereiten. Dann den Fenchel und die Safranfäden weglassen und die Sauce zum Schluß mit mehr Zitronensaft abschmecken.

Gedünstete Kartoffeln mit geschmorten Zwiebeln und Morchelrahm

Die richtige Kartoffelsorte für dieses Gericht: Bintje oder Primura.

	Für 4 Personen:
8	*mittelgroße Kartoffeln*
150 g	*Butter*
	Salz
8	*mittelgroße, weiße Zwiebeln*
4	*frische Morcheln*
	frisch gemahlener weißer Pfeffer
100 g	*Crème fraîche*
30 g	*Sahne*
2 Eßl.	*reduzierter trockener Weißwein*
50 g	*Kerbelblättchen*
	Arbeitsaufwand:
	etwa 40 Minuten
	Garzeit:
	etwa 25 Minuten

1. Die Kartoffeln schälen und mit einem Ausstecher von 4 cm Durchmesser der Länge nach in einem Stück ausstechen. Die Reste für ein anderes Gericht, eventuell Kartoffelküchlein (siehe Tip) verwenden.

2. In einer Sauteuse 30 g Butter erwärmen. Die Kartoffeln dazugeben und etwa 1 Minute sautieren. So viel Wasser angießen, daß die Kartoffeln halb davon bedeckt sind. Die Kartoffeln salzen und zugedeckt bei schwacher Hitze je nach Größe in 10–15 Minuten weich garen. Dabei gegebenenfalls noch etwas Wasser oder auch Gemüsebrühe angießen.

3. Inzwischen die Zwiebeln schälen, halbieren und in dicke Scheiben schneiden.

4. In einer flachen Sauteuse 100 g Butter erhitzen. Die Zwiebeln dazugeben und bei mittlerer Hitze unter ständigem Rühren anschwitzen, bis sie hellbraun sind. Die Zwiebeln mit Salz würzen. Die Zwiebeln auf Küchenkrepp geben und abtropfen lassen.

5. Die Morcheln von den Stengeln befreien und unter fließendem Wasser waschen, um den Sand aus den Rillen zu entfernen. Die Pilze kleinschneiden und in der restlichen Butter etwa 1 Minute anschwitzen. Die Morcheln salzen und pfeffern. Die Crème fraîche und die Sahne angießen. Die Morcheln mit dem reduzierten Weißwein abschmecken und etwa 1 Minute leicht köcheln lassen. Dann im Mixer fein mixen.

6. Den Kerbel waschen, fein schneiden und auf einen Teller geben.

7. Die Kartoffeln abgießen, in dicke Scheiben schneiden und im Kerbel wälzen.

8. Die Zwiebeln und den Morchelrahm auf vorgewärmten Tellern anrichten. Die Kartoffelscheiben darauf setzen.

Meine Tips:

Wenn Sie keine frischen Morcheln bekommen, können Sie auch getrocknete verwenden. Diese dann etwa 3 Stunden in lauwarmem Wasser einweichen und anschließend 3mal in lauwarmem Wasser gründlich waschen, um den Sand zu entfernen. Mit den Kartoffelresten können Sie Kartoffelküchlein zubereiten. Dazu die Kartoffeln in Salzwasser weich kochen, im heißen Backofen ausdämpfen lassen und anschließend durch die Kartoffelpresse drücken. Mit Ei, Salz, Pfeffer und etwas Muskat würzen, zu kleinen Küchlein formen und in Öl braten. Gut schmeckt es auch, wenn Sie Pfifferlinge unter die Kartoffelmasse mischen.

Fencheltorte

Die angegebene Teigmenge reicht für 2 Formen, da der Teig in einer kleineren Menge nicht so gut gelingt. Den restlichen Teig können Sie im Kühlschrank 1 Woche aufbewahren.

	Für 4–6 Personen:
1	*flache Tarteletteform*
	von 24 cm Durchmesser
	Für den Teig:
250 g	*Mehl*
170 g	*Butter*
1	*Ei*
	Salz
	Für den Belag:
400 g	*Fenchel*
50 g	*Butter*
2 Eßl.	*trockener Weißwein*
	Salz
4	*Eier*
400 g	*Sahne*
200 ml	*Milch*
	frisch gemahlener weißer Pfeffer
	Außerdem:
	Mehl zum Ausrollen
	Butter für die Form
	Arbeitsaufwand:
	etwa 40 Minuten
	Ruhezeit:
	etwa 30 Minuten
	Backzeit:
	etwa 50 Minuten

1. Für den Teig das Mehl auf ein Backbrett sieben. Die Butter, das Ei und Salz dazugeben und alles zu einem glatten Teig verkneten.

2. Den Teig zu einer Kugel formen, in Klarsichtfolie einschlagen und im Kühlschrank etwa 30 Minuten ruhen lassen.

3. Inzwischen von jeder Fenchelknolle mit einem kleinen spitzen Messer den Wurzelansatz abschneiden. So lösen sich die einzelnen Fenchelschalen. Den Fenchel vierteln. Das Fenchelgrün beiseite legen.

4. Die Butter, den Weißwein und 1/2 l Wasser in einem Topf erhitzen und salzen. Die Fenchelstücke hineingeben und bei mittlerer Hitze in etwa 20 Minuten weich dünsten. Die Stücke durch ein Sieb abgießen, den Fenchel klein würfeln.

5. Die Fenchelwürfel auf einem Küchentuch verteilen und darin gut ausdrükken. Das Fenchelgrün fein schneiden.

6. Den Backofen auf 180° vorheizen. Die Form mit Butter ausstreichen.

7. Den Teig aus der Folie wickeln und halbieren. Eine Hälfte wieder einwickeln und zur weiteren Verwendung im Kühlschrank aufbewahren. Den restlichen Teig auf der bemehlten Arbeitsfläche dünn ausrollen. Den Teig in die Form drücken, den überstehenden Teig abschneiden.

8. Den Teigboden im Backofen (Mitte) etwa 20 Minuten blind backen (siehe Seite 8/9).

9. Die Eier mit der Sahne, der Milch, Salz und Pfeffer in den Mixer geben und kräftig aufmixen.

10. Den Teigboden aus dem Ofen nehmen. Die Fenchelstücke und das Fenchelgrün gleichmäßig darauf verteilen und mit dem Guß übergießen.

11. Die Torte wieder in den Backofen (Mitte) geben und etwa 30 Minuten backen, bis sie goldgelb ist.

12. Die Fencheltorte zum Servieren in Stücke schneiden.

Mein Tip:

Der Teig und der Guß sind die Grundlage auch für andere Gemüsetorten. Versuchen Sie auch einmal eine Zwiebeltorte oder eine Tomaten-Spinattorte auf diese Art. Den Spinat nach dem Blanchieren sehr gut ausdrücken.

Gemischte Gemüse mit Schnittlauchsauce

Damit dieses Gericht Bindung bekommt, wird die Brühe mit Butter aufgeschlagen.

Für 4 Personen:	
Für die Sauce:	
80 g	*Lauch (nur weiße Teile)*
1	*kleine Schalotte*
80 g	*Staudensellerie*
150 g	*kalte Butter*
5	*Pfefferkörner*
	Salz
1	*Knoblauchzehe*
3 Teel.	*Schnittlauch, fein geschnitten*
Für das Gemüse:	
200g	*gelbe Wirsingblätter*
200 g	*weiße Zwiebeln*
200 g	*rote Zwiebeln*
180g	*Rosenkohl*
200 g	*festkochende Kartoffeln*
200 g	*Lauch (nur weiße Teile)*
Arbeitsaufwand:	
	etwa 1 Stunde
Garzeit:	
	etwa 45 Minuten

1. Für die Sauce den Lauch putzen und in grobe Würfel schneiden. Die Schalotte und den Sellerie ebenfalls grob zerkleinern.

2. In einem Edelstahltopf 50 g Butter erhitzen. Den Lauch, die Schalotte und den Sellerie dazugeben und etwa 2 Minuten anschwitzen, aber nicht braun werden lassen.

3. 2 l Wasser angießen. Die Pfefferkörner und Salz dazugeben und das Gemüse bei schwacher Hitze in etwa 5 Minuten weich kochen.

4. Diesen Gemüsesud durch ein Sieb gießen, wieder in den Topf geben und bei mittlerer bis starker Hitze in etwa 20 Minuten auf etwa die Hälfte einkochen lassen.

5. Inzwischen die Gemüse vorbereiten. Die Wirsingblätter waschen und in 2 x 2 cm große Quadrate schneiden. Die weißen und die roten Zwiebeln schälen, vierteln und in die einzelnen Lagen teilen. Getrennt zur Seite stellen. Den Rosenkohl vom Strunk befreien und in die einzelnen Blätter teilen. Die Kartoffeln schälen und in Würfel von etwa 1 1/2 cm Größe schneiden oder in hübscher Form tournieren. Den Lauch der Länge nach halbieren, waschen und 2 cm große Stücke schneiden.

6.Die Gemüsesorten nun in verschiedenen Töpfen (in zwei Portionen) jeweils in Salzwasser nicht zu weich kochen. Die Gemüse sollen noch bißfest sein. Jedes Gemüse nach dem Garen in einem Sieb abtropfen lassen und warm halten. Die Brühe auffangen und für einen anderes Gericht verwenden.

7. In die eingekochte Brühe nun mit einem Schneebesen die restliche kalte Butter in kleinen Stücken einrühren.

8. Die Sauce in den Mixer geben und kräftig aufmixen. Den Knoblauch schälen, auf eine Gabel spießen und einige Male durch die Sauce ziehen. Den Schnittlauch unter die Sauce mischen.

9. Die verschiedenen Gemüse in die Schnittlauchsauce geben und alles einmal aufkochen lassen.

10. Die gemischten Gemüse auf vorgewärmte tiefe Teller geben und servieren.

Meine Tips:

Zur Verfeinerung des Gemüsegerichtes können Sie noch 200 g Spargel in Salzwasser bißfest kochen und anschließend in etwa 3 cm lange Stücke schneiden. Im Herbst schmeckt am besten grüner Spargel aus Südafrika, im Frühling weißer Spargel.
Die Schnittlauchsauce schmeckt auch mit anderen Zutaten, zum Beispiel zu frisch gegarten Artischockenböden.

Kartoffelravioli mit Steinpilzen und Kräuter-Vinaigrette

Nur stark verschmutzte Pilze waschen, sonst den Schmutz mit einem Tuch abreiben oder mit einem Gemüsemesser abschaben.

Für 4 Personen:	
Für die Kartoffelravioli:	
500 g	*frische Steinpilze*
1	*kleine Schalotte*
130 g	*Butter*
	Salz
	frisch gemahlener weißer Pfeffer
4	*große festkochende Kartoffeln (etwa 500 g)*
1	*Eigelb*
1 Eßl.	*Sonnenblumenöl*
Für die Vinaigrette:	
2 Eßl.	*reduzierter Portwein*
2 Eßl.	*reduzierter Madeira*
1 Eßl.	*alter Aceto balsamico*
1 Eßl.	*junger Aceto balsamico*
4 Eßl.	*Olivenöl*
1 Eßl.	*Trüffeljus*
1	*Messerspitze Senf*
1 Eßl.	*Kerbel, fein geschnitten*
1 Eßl.	*Petersilie, fein geschnitten*
	Salz
	frisch gemahlener weißer Pfeffer
Zum Garnieren:	
	einige Kerbelblättchen
Arbeitsaufwand:	
	etwa 50 Minuten
Garzeit:	
	etwa 10 Minuten

1. Die Pilze putzen und mit einem trokkenen Tuch abreiben. Die Hälfte davon in kleine Würfel schneiden. Die übrigen Pilze beiseite legen. Die Schalotte kleinschneiden.

2. 50 g Butter in einer Sauteuse erhitzen. Die Schalotte darin bei mittlerer Hitze glasig dünsten. Die Hitze hochschalten, die Pilze dazugeben und etwa 1 Minute sautieren. Durch die starke Hitze verhindern Sie, daß die Pilze zu viel Saft ziehen. Die Pilze mit Salz und Pfeffer würzen und zum Abtropfen auf Küchenkrepp geben.

3. Für die Vinaigrette in einer Glasschüssel den Portwein, den Madeira, beide Essigsorten, das Olivenöl und das Trüffeljus mit dem Senf gründlich verrühren. Die Kräuter unterrühren und die Vinaigrette mit Salz und Pfeffer würzen.

4. Die Kartoffeln waschen, schälen und mit der Aufschnittmaschine in 1 mm dünne Scheiben schneiden. Wenn Sie keine Aufschnittmaschine haben, können Sie einen Gurkenhobel verwenden. Dann aber darauf achten, daß Sie gleichmäßig schneiden und die Scheiben ganz bleiben.

5. Die Hälfte der Kartoffelscheiben einzeln auf ein Tuch legen. Das Eigelb verquirlen und die Scheiben damit bestreichen. Die Steinpilze in kleinen Häufchen auf die Kartoffelscheiben setzen. Die restlichen Kartoffelscheiben darüber decken und fest andrücken.

6. Die übrigen Pilze in Scheiben schneiden. Das Öl in einer Pfanne erhitzen. Die Pilze darin etwa 1 Minute bei starker Hitze sautieren. Mit Salz und Pfeffer würzen.

7. Die restliche Butter in einer beschichteten Pfanne klären (siehe Seite 8). Die Kartoffelravioli einlegen und bei mittlerer Hitze in etwa 2 Minuten von beiden Seiten goldgelb backen.

8. Die Ravioli kurz auf Küchenkrepp abtropfen lassen.

9. Die Kräuter-Vinaigrette mit den sautierten Pilzen mischen und auf Teller verteilen, die Ravioli darauf setzen und mit Kerbelblättchen garnieren. Rasch servieren.

Meine Tips:

Bei Kartoffeln lohnt es sich, zu experimentieren. Wenn Sie auf dem Markt eine neue Sorte entdecken, greifen Sie zu und probieren Sie zu Hause den Geschmack.
Für die Kartoffelravioli brauchen Sie eine festkochende Sorte wie Bintje oder Sieglinde.
Statt der Steinpilze können Sie auch andere Pilzsorten verwenden, zum Beispiel Pfifferlinge. Zu dieser Variante schmeckt es sehr gut, wenn Sie die Vinaigrette mit einigen roten Paprikawürfeln vermischen.
Das Trüffeljus erhalten Sie in kleinen Dosen in gut sortierten Feinkostgeschäften. Vor allem Vinaigrette, aber auch andere Gerichte lassen sich damit verfeinern.

Gefüllte Tomaten

Für dieses Gericht brauchen Sie unbedingt vollreife Früchte, sie sind maßgebend für ein gutes Ergebnis.

	Für 4 Personen:
300 g	*mehligkochende Kartoffeln*
	Salz
8	*mittelgroße Tomaten*
20 g	*Kapern*
120 g	*Butter*
80 g	*Sahne*
	Zum Garnieren:
	Basilikumplättdchen
	Arbeitsaufwand:
	etwa 35 Minuten
	Garzeit:
	etwa 35 Minuten

1. Die Kartoffeln schälen, vierteln und in einem Topf mit Salzwasser zum Kochen bringen. Die Kartoffeln zugedeckt bei mittlerer Hitze in etwa 15 Minuten weich kochen.

2. Inzwischen 2 l Wasser zum Kochen bringen und die Tomaten 1–2 Minuten einlegen. Dann herausnehmen und kurz in Eiswasser abkühlen.

3. Mit einem kleinen Gemüsemesser von den Tomaten die Haut abziehen und an dem Ende mit dem Stielansatz eine Kappe abschneiden. Die Kerne mit einem kleinen Löffel vorsichtig aus den Tomaten schaben. Die Tomaten müssen dabei ganz bleiben.

4. Das Wasser von den gegarten Kartoffeln abgießen. Die Kartoffeln gut ausdämpfen, aber nicht erkalten lassen.

5. Die Kapern fein hacken. 100 g Butter erwärmen.

6. Den Backofen auf 220° vorheizen.

7. Die Kartoffeln noch heiß durch die Kartoffelpresse in eine Schüssel drücken, dann mit der erwärmten Butter glattrühren. Die Sahne und die gehackten Kapern untermischen, alles mit Salz abschmecken.

8. Die Tomaten mit dem Kartoffel-Kapern-Püree füllen und in eine feuerfeste Form setzen. Die restliche Butter in kleine Flocken teilen und auf die Tomaten geben.

9. Die Tomaten im Backofen (oben) etwa 15 Minuten backen, bis die Kartoffelmasse hellbraun ist.

10. Die Tomaten auf Tellern anrichten und mit Basilikum ganieren.

Mein Tip:

Wenn Sie möchten, können Sie eine leichte Sahnesauce zu den Tomaten servieren. Es ist aber nicht nötig, da die Tomaten saftig genug sind.

Kartoffel-Quark-Soufflé mit Schnittlauchsahne

Damit das Soufflé gut gelingt, den Eischnee cremig, aber nicht zu fest schlagen.

Für 4 Personen:	
4	*Auflaufförmchen*
	von 8–10 cm Durchmesser
Für das Soufflé:	
150g	*mehligkochende Kartoffeln*
	Salz
60 g	*Butter*
6	*Eier*
150 g	*Quark*
1	*Prise Zucker*
1/2 Teel.	*Trüffelöl*
Für die Förmchen:	
1 Teel.	*weiche Butter*
1 Eßl.	*Mehl*
Für die Sauce:	
200 g	*Crème fraîche*
100 g	*Crème double*
	Salz
	frisch gemahlener weißer Pfeffer
	Saft von
1/2	*Zitrone*
4 Eßl.	*Schnittlauch, fein geschnitten*
Zum Garnieren:	
4	*mitellgroßeMöhren*
4	*Blätter Brunnenkresse*
Arbeitsaufwand:	
	etwa 40 Minuten
Garzeit:	
	etwa 40 Minuten

1. Die Kartoffeln schälen und waschen, dann in Stücke schneiden. Die Kartoffeln mit Salzwasser in einem Topf zum Kochen bringen, dann zugedeckt bei mittlerer Hitze in etwa 15 Minuten weich kochen.

2. Das Wasser von den Kartoffeln abgießen. Die Kartoffeln etwas ausdämpfen lassen, dann noch heiß durch ein Sieb passieren.

3. Die Butter in einem kleinen Saucenpfännchen zerlassen, dann unter die Kartoffeln mischen. Die Masse etwas auskühlen lassen.

4. Die Eier trennen. Den Quark durch ein Sieb streichen und in einer Schüssel mit den Eigelben mischen, dann unter die Kartoffelmasse mengen.

5. Die Förmchen mit der Butter ausstreichen und mit dem Mehl ausstreuen. Die Möhren für die Garnitur schälen, in 3 cm lange Stücke schneiden und olivenförmig tournieren. Pro Person 3Stück in 1/2 l Salzwasser bißfest garen.

6. Den Backofen auf 180° vorheizen.

7. In einer flachen, feuerfesten Form etwas Wasser zum Kochen bringen.

8. Die Eiweiße in einer Cromarganschüssel mit dem Zucker und Salz zu einem cremigen, aber nicht zu festen Schnee aufschlagen. Den Eischnee mit dem Trüffelöl vorsichtig unter die Kartoffelmasse heben.

9. Die Förmchen zu drei Vierteln mit der Soufflémasse füllen, dann ins heiße Wasser in die Form setzen und im Backofen (unten) 15–20 Minuten backen, bis die Masse etwa doppelt so hoch aufgegangen ist.

10. Inzwischen für die Sauce die Crème fraîche mit der Crème double, Salz, Pfeffer und dem Zitronensaft mit dem Schneebesen schaumig schlagen. Zum Schluß den Schnittlauch untermischen.

11. Mit der Schnittlauchsahne einen Spiegel auf Teller gießen. Die Soufflés aus dem Wasserbad nehmen, vorsichtig stürzen und in die Sauce setzen. Mit den Möhrenstücken und der Brunnenkresse garnieren. Sofort servieren.

Mein Tip:

Statt der Schnittlauchsahne schmeckt zu den Soufflés auch eine Tomatensauce sehr gut. Dazu vollreife Tomaten häuten und in Stücke schneiden. In Butter anschwitzen und etwa 5 Minuten garen. Dann durch ein Sieb passieren und etwas kalte Butter in Stücken unterschlagen. Die Tomatensauce mit Sahne, Salz und etwas Zucker abschmecken.

Wirsing à la creme mit gebratenen Austernpilzen

Den Wirsing können Sie auch zur Hälfte durch Grünkohl ersetzen. Die Gemüse getrennt blanchieren, dann zusammen mit der Crème double kochen.

	Für 4 Personen:
1 kg	*Wirsing*
	Salz
250 g	*kleine, junge Austernpilze*
500 g	*Crème double*
	frisch gemahlener weißer Pfeffer
	frisch geriebene Muskatnuß
2 Eßl.	*geschlagene Sahne*
50 g	*Butter*
	Zum Garnieren:
	Kerbelblättchen
	Arbeitsaufwand:
	etwa 25 Minuten
	Garzeit:
	etwa 15 Minuten

1. Den Wirsingkopf halbieren, den Strunk keilförmig herausschneiden und die äußeren Blätter entfernen. Den Wirsing in die einzelnen Blätter teilen und diese in reichlich sprudelnd kochendem Salzwasser etwa 5 Minuten kochen lassen.

2. Die Wirsingblätter mit einem Schaumlöffel aus dem Wasser heben und sofort in eine Schüssel mit kaltem Wasser und einigen Eiswürfeln legen. Dadurch behält er seine kräftige Farbe. Den Wirsing abkühlen lassen, dann das Wasser abgießen, den Wirsing gut ausdrücken und in Stücke schneiden.

3. Die Austernpilze von einander trennen, putzen und die Stiele mit einem feuchten Tuch gut abreiben.

4. Die Crème double in einem Topf mit dem Wirsing mischen und bei schwacherr Hitze 5–10 Minuten kochen lassen. Dabei immer wieder umrühren.

5. Den Wirsing mit Salz, Pfeffer und wenig Muskat gut abschmecken. Die geschlagene Sahne unterheben.

6. Die Butter in einer Sauteuse erwärmen. Die Austernpilze einlegen und bei starker Hitze von beiden Seiten braten, bis sie leicht braun sind. Die Pilze mit Salz und Pfeffer würzen.

7. Den Wirsing auf vorgewärmten Tellern anrichten und mit den Austernpilzen belegen. Den Bratsatz der Pilze darüber träufeln. Mit Kerbelblättchen garnieren.

Broccoliflan mit Trüffel-Vinaigrette

Die mit Trüffelöl verfeinerte Vinaigrette gibt diesem Gericht die besondere Note.

	Für 4 Personen:
4	*Förmchenvon 8 cm Durchmesser*
	Für den Flan:
450 g	*Broccoli*
	Salz
1	*Messerspitze Zucker*
1	*Ei*
5 Eßl.	*Sahne*
	frisch gemahlener weißer Pfeffer
	Für die Vinaigrette:
2 Eßl.	*alter Aceto balsamico*
2	*Spritzer Rotweinessig*
1 Teel.	*reduzierter trockener Weißwein*
	Salz
	frisch gemahlener weißer Pfeffer
2 Eßl.	*weißes Trüffelöl*
	Für die Förmchen:
	weiche Butter
	Arbeitsaufwand:
	etwa 45 Minuten
	Garzeit:
	etwa 45 Minuten

1. Den Broccoli waschen und die Röschen dicht am Stiel abschneiden. Das untere Drittel der Stiele entfernen, die restlichen Stiele schälen und in kleine Scheiben schneiden.

2. Etwa 1 l Wasser mit Salz zum Kochen bringen, den Zucker dazugeben. Da die Stiele eine längere Garzeit haben, diese ins Wasser geben und etwa 3 Minuten kochen. Dann die Broccoliröschen dazugeben und alles weitere 3 Minuten kochen.

3. Den Broccoli durch ein Sieb abgießen und in dem Sieb sofort in Eiswasser geben.

4. Den Broccoli aus dem Wasser heben und auf Küchenkrepp abtropfen lassen.

5. Für die Vinaigrette den Aceto balsamico mit dem Rotweinessig, dem reduzierten Weißwein, Salz und Pfeffer gründlich verrühren. Zuletzt das Trüffelöl unterschlagen.

6. Den Backofen auf 180° vorheizen. Die Förmchen mit Butter ausstreichen.

7. Den gegarten Broccoli mit dem Ei und der Sahne im Mixer gut durchmixen, dann mit Salz und Pfeffer abschmecken.

8. In eine flache, feuerfeste Form etwa 3 cm hoch Wasser geben und zum Kochen bringen.

9. Die Broccolimasse in die Förmchen füllen und glattstreichen. Die Förmchen mit Folie abdecken und ins heiße Wasserbad setzen. Die Förmchen dürfen höchstens zur Hälfte im Wasser stehen.

10. Die Förmchen im heißen Backofen (unten) etwa 40 Minuten garen, bis sich das Volumen der Broccolimasse etwa verdoppelt hat.

11. Mit der Trüffel-Vinaigrette einen Spiegel auf Teller gießen. Den Broccoliflan aus dem Wasserbad nehmen, vorsichtig stürzen und auf die Teller setzen. Sofort servieren.

Mein Tip:

Als Garnitur können Sie zu diesem Gericht blanchierte Broccoliröschen und Tomatenstreifen servieren. Dazu die Tomaten vorher häuten.

Spinat mit Champignons à la creme

Spinat und Champignons sind das ganze Jahr über erhältlich. Ich bevorzuge jedoch den zarten Frühlingsspinat. Durch Zugabe von getrockneten Champignons verstärkt sich der Pilzgeschmack.

Für 4 Personen:	
20 g	getrocknete Champignons
500 g	junger Blattspinat
	Salz
300 g	frische Champignons
80 g	Butter
250 g	Crème double
	frisch gemahlener weißer Pfeffer
6 Eßl.	Sahne
Arbeitsaufwand:	
	etwa 40 Minuten
Garzeit:	
	etwa 15 Minuten

1. Die getrockneten Champignons in einem Schälchen mit lauwarmem Wasser bedecken und etwa 30 Minuten einweichen.

2. Inzwischen den Spinat verlesen, von den Stielen befreien und in reichlich Wasser mehrmals gründlich waschen. Dann abtropfen lassen.

3. Etwa 1 l Salzwasser zum Kochen bringen. Den Spinat darin etwa 2 Minuten blanchieren, dann durch ein Sieb gießen, abtropfen lassen und gut ausdrücken.

4. Von den frischen Pilzen mit einem feuchten Tuch alle Schmutzteile entfernen. Die Stielenden abschneiden und dunkle Lamellen entfernen. Die Champignons in Scheiben schneiden.

5. In einer flachen Sauteuse die Butter aufschäumen. Die Champignons darin bei starker Hitze etwa 1 Minute sautieren. Die Hitze muß stark sein, sonst ziehen die Pilze zu viel Saft.

6. Den Backofen auf 250° vorheizen.

7. Von den eingeweichten Champignons das Wasser abgießen. Die Champignons mit der Crème double zu den sautierten Pilzen geben und alles bei starker Hitze etwa 2 Minuten gut durchkochen lassen. Mit Salz und Pfeffer würzen.

8. Die Champignons durch ein Sieb gießen. Die Sauce dabei auffangen und im Mixer kräftig aufschlagen. 6 Eßlöffel von der Sauce beiseite stellen.

9. Den ausgedrückten Spinat mit der Champigonsauce und den Champignons gründlich mischen, würzen und in eine feuerfeste Gratinform geben.

10. Die Sahne steif schlagen, dann unter die 6 Eßlöffel Sauce heben.

11. Die Sahnemischung auf die Spinat-Champignon-Masse streichen. Das Gratin im Backofen (oben) 8–10 Minuten überbacken, bis es hellbraun ist.

12. Das Gratin am besten gleich in der Form servieren.

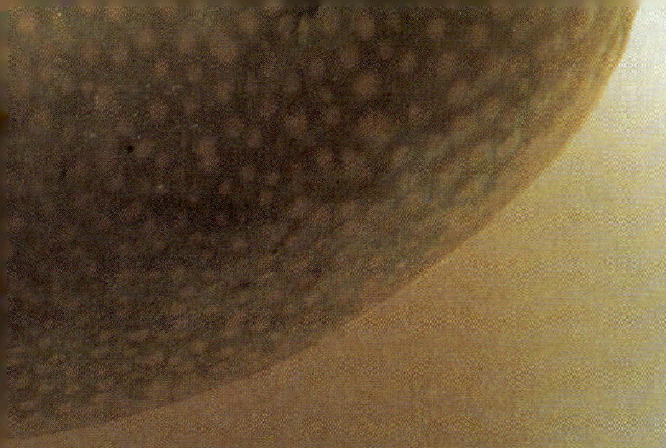

Feine Desserts

Süßes, das verwöhnt, aber nicht beschwert, lieben Feinschmecker als krönenden Abschluß eines eleganten Menüs ganz besonders. Lassen Sie sich verführen von Kumquatkompott mit Vanilleeis, Kirschtartes oder Baumkuchenschnitten mit Kiwi und Weinschaum.

KUMQUATKOMPOTT MIT VANILLEEIS

Kumquats sind Miniaturausgaben von Orangen und können mit der Schale gegessen werden.
Das Kompott muß bereits am Vortag zubereitet werden.

	Für 6 Personen:
	Für das Kompott:
800 g	Kumquats
150 g	Zucker
	Saft von
1/2	Zitrone
1 Eßl.	trockener Weißwein
1/2	Orange
	Für das Eis:
3	Eier
3	Eigelb
50 g	Zucker
2	Vanilleschoten
1/4 l	Milch
250 g	Sahne
	Arbeitsaufwand:
	etwa 30 Minuten
	Ruhezeit für das Kompott:
	1 Tag

1. Die Kumquats waschen und mit der Schale vierteln.

2. Den Zucker mit dem Zitronensaft, dem Weißwein und 1/2 l Wasser in einem Topf zum Kochen bringen. Die Kumquats dazugeben und bei schwacher Hitze etwa 2 Minuten garen.

3. Das Kompott von der Kochstelle nehmen und abkühlen lassen. Dann zugedeckt 1 Tag im Kühlschrank ziehen lassen.

4. Dann für das Eis die Eier mit den Eigelben und dem Zucker schaumig rühren.

5. Die Vanilleschoten der Länge nach halbieren und das Vanillemark mit einem Messer herauskratzen.

6. Die Milch mit der Sahne und dem Vanillemark in einem Topf einmal aufkochen. Dann langsam und unter ständigem Rühren unter die Eimasse schlagen.

7. Die Masse durch ein Spitzsieb abgießen und unter mehrmaligem Rühren auf Eis erkalten lassen.

8. Vor dem Servieren die Masse in der Eismaschine 5–7 Minuten drehen. Wenn Sie keine Eismaschine haben, verrühren Sie in einer Cromarganschüssel 1 l Wasser mit Eiswürfeln von 2 l Wasser und 1 kg Salz. Den Schneekessel mit der Eismasse hineinstellen und die Masse unter ständigem Rühren fest werden lassen.

9. Die Orange auspressen und 2 Eßlöffel davon unter das Kompott mischen.

10. Das Kumquatkompott auf gekühlte, tiefe Teller geben. Vom Vanilleeis Nocken abstechen und dazu setzen.

MEIN TIP:

Zu diesem Dessert passen als Garnitur frische Minzeblättchen, gemahlene Pistazien und Puderzucker.
Statt Kumquats schmecken auch frische Pfirsiche, Kirschen oder Birnen. Das Kompott auf die gleiche Art zubereiten, aber den Orangensaft weglassen. Die Pfirsiche werden vor dem Dünsten geschält. Das geht am besten, wenn Sie 1 l Wasser zum Kochen bringen, die Pfirsichhaut leicht einschneiden und die Früchte für 2–3 Minuten in das heiße Wasser legen. Dann mit einem Schaumlöffel aus dem Wasser heben und die Haut mit einem kleinen Messer abziehen. Die Früchte halbieren und garen.
Die Kirschen vor dem Zubereiten entsteinen.
Die Birnen schälen, vierteln und das Kerngehäuse mit einem Messer herausschneiden.

Wiener Himbeeromelette

Eine lockere, leichte Süßspeise, die Sie auch als Hauptgericht (für 2 Personen) servieren können.

Für 4 Personen:	
200 g	*Quark (20% Fett)*
3	*Eigelb*
	abgeriebene Schale von
1/2	*unbehandelten Zitrone*
4	*Eiweiß*
300 g	*Himbeeren*
100 g	*Zucker*
	Butter zum Backen
2 Eßl.	*Sahne*
	Puderzucker zum Bestäuben
Arbeitsaufwand:	
	etwa 20 Minuten
Garzeit:	
	etwa 10 Minuten

1. Den Quark durch ein Sieb in eine Schüssel streichen, dann die Eigelbe dazugeben und gründlich unterrühren. Die Zitronenschale untermischen.

2. Die Eiweiße mit 70 g Zucker mit dem Handrührgerät zu einer cremigen, nicht zu festen Masse schlagen.

3. Die Quarkmasse und den Eischnee mit einem Schneebesen vorsichtig vermengen.

4. Den Backofen auf 220° vorheizen.

5. Die Himbeeren verlesen. 300 g davon in einer Glasschüssel mit dem restlichen Zucker vermischen. Die übrigen Himbeeeren mit dem Mixstab pürieren und anschließend durch ein Sieb passieren.

6. Zwei beschichtete Pfannen von etwa 18 cm Durchmesser erhitzen. Etwas Butter darin schmelzen. Mit einer Schöpfkelle je ein Viertel der Omelettemasse in den Pfannen verteilen und glattstreichen.

7. Die Omelettes bei mittlerer Hitze etwa 2 Minuten leicht anziehen lassen, dann für weitere 8 Minuten in den Backofen (Mitte) stellen. Dabei verdoppelt sich das Volumen.

8. Die beiden Omelettes herausnehmen. Die Himbeeren mit einem Löffel darüber streuen und die Omelettes zur Hälfte zusammenklappen.

9. Die Omelettes auf vorgewärmte Teller stürzen und mit wenig Puderzukker bestäuben. Die Hälfte der Him beersauce daneben verteilen. Etwas Sahne daraufgeben und mit einer Gabel Muster durch die Sauce ziehen. Die Omelettes rasch servieren, sie fallen sonst wieder zusammen.

10. Mit der restlichen Omelettemasse ebenso verfahren.

Mein Tip:

Statt zwei Pfannen können Sie auch eine größere verwenden. Dann die Omelette vor dem Servieren halbieren. Aus der Omelettemasse können Sie auch ein Soufflé herstellen. Dazu kleine Auflaufförmchen von 8 cm Durchmesser mit weicher Butter ausstreichen und mit Kristallzucker ausstreuen. Auf der Kochstelle in einem flachen, feuerfesten Gefäß etwas Wasser zum Kochen bringen. Die Omelettemasse zwei Drittel hoch in die Förmchen füllen, glattstreichen und in das kochende Wasser setzen. Die Förmchen sollen nur zur Hälfte im Wasser stehen. Das Gefäß in den Backofen stellen und die Soufflés bei 250° etwa 20 Minuten garen. Die Soufflés stürzen und mit den Himbeeren rasch servieren.

Reistörtchen auf Apfelsauce

Für die Apfelsauce nehmen Sie am besten Gravensteiner, sie schmecken besonders fruchtig.

	Für 6 Personen:
6	*Timbaleförmchen*
	von etwa 8 cm Durchmesser:
	Für die Reistörtchen:
100 g	*Langkornreis (Basmati)*
1	*Prise Salz*
1/2	*Vanilleschote*
400 ml	*Milch*
1	*Apfel (Gravensteiner)*
100 ml	*Apfelsaft*
3	*Blatt Gelatine*
4	*Eiweiß*
30 g	*Zucker*
	Für die Apfelsauce:
250 g	*Äpfel (Gravensteiner)*
3 Eßl.	*Zucker*
4 Eßl.	*trockener Weißwein*
200 ml	*Wasser*
1 Eßl.	*Calvados*
100 ml	*Champagner*
	Zum Garnieren:
	Minzeblätter
	Arbeitsaufwand:
	etwa 1 Stunde
	Garzeit:
	etwa 40 Minuten
	Kühlzeit:
	etwa 3 Stunden

1. Für den Reis Wasser mit dem Salz zum Kochen bringen. Den Reis darin etwa 1 Minute kochen, um die Stärke zu entfernen. Den Reis dann durch ein Sieb abgießen und mit kaltem Wasser überspülen, bis das Wasser klar bleibt.

2. Die Vanilleschote der Länge nach aufschlitzen, das Mark herauskratzen. Die Milch mit der Vanilleschote und dem Mark in einem Edelstahltopf zum Kochen bringen. Den Reis hinzufügen und alles bei schwacher bis mittlerer Hitze etwa 30 Minuten leicht köcheln lassen. Dabei immer wieder umrühren, damit nichts anbrennt.

3. Inzwischen den Apfel schälen und in kleine Würfel schneiden.

4. Die Apfelwürfel mit dem Apfelsaft in eine kleine Sauteuse geben und zugedeckt etwa 2 Minuten garen. Die Apfelstücke von der Kochstelle nehmen und abkühlen lassen.

5. Die Gelatine in kaltem Wasser einweichen. Dann gut ausdrücken, unter den gegarten Reis mischen und auflösen.

6. Die Reismasse auf Eis stellen, damit sie schneller abkühlt. Dabei mehrmals mit einem Kochlöffel durchrühren.

7. Die Eiweiße mit dem Zucker in einen Schneekessel geben und cremig schlagen. Die Eiweiße unter den abgekühlten Reis heben. Die Apfelstücke abtropfen lassen und ebenfalls untermischen.

8. Die Reismasse in die Timbaleförmchen füllen und glattstreichen.

9. Die Reismasse etwa 3 Stunden in den Kühlschrank stellen und fest werden lassen.

10. Kurz vor Ende der Kühlzeit für die Sauce die Äpfel schälen, vierteln und von den Kerngehäusen befreien. Anschließend in grobe Stücke schneiden.

11. Den Zucker mit dem Weißwein und dem Wasser in einen Topf geben und zum Kochen bringen. Die Apfelstücke hinzufügen und bei mittlerer Hitze in etwa 10 Minuten weich dünsten. Dann alles von der Kochstelle nehmen und abkühlen lassen.

12. Den Calvados und den Champagner unter die Apfelmischung mengen und alles im Mixer pürieren. Die Sauce dann durch ein Sieb streichen.

13. Die Timbaleförmchen kurz in heißes Wasser tauchen. Die Törtchen auf gekühlte Teller stürzen. Die Apfelsauce rundherum verteilen. Jede Portion mit Minze garnieren.

Mein Tip:

Die Apfelsauce können Sie, wie auf dem Fot angezeigt, noch mit pürierten Erdbeeren verfeinern.
Zu den Reistörtchen schmecken auch andere Fruchtsaucen, zum Beispiel von Bee- ren. Diese werden frisch durch ein Haarsieb gestrichen und mit Zucker nach Geschmack gesüßt. Gut schmeckt auch eine Birnensauce, die Sie wie die Apfelsauce zubereiten können.

Sizilianisches Eis mit Pumpernickel-Sauce

Nehmen Sie für dieses Dessert möglichst weißfleischige Pfirsiche, sie schmecken besonders aromatisch.

	Für 4-6 Personen:
600 g	*Pfirsiche*
	Saft von
1/2	*Zitrone*
130 g	*Zucker*
1 Eßl.	*trockener Weißwein*
1	*Orange*
4 Eßl.	*Zitronensaft*
	Für die Sauce:
100 ml	*Milch*
200 g	*Sahne*
10 g	*Zucker*
	Mark von
1	*Vanilleschote*
1	*Ei*
1	*Eigelb*
40 g	*Pumpernickel*
	Arbeitsaufwand:
	etwa 30 Minuten
	Garzeit:
	etwa 10 Minuten
	Ruhezeit für die Pfirsiche:
	1 Tag

1. In einem Topf etwa 1 l Wasser zum Kochen bringen. Die Pfirsiche kreuzweise einritzen und etwa 2 Minuten in das Wasser legen. Dann herausnehmen und die Haut abziehen.

2. Die Pfirsiche halbieren und die Kerne herausdrehen. 2 Kerne aufbewahren.

3. In einem Topf 1/2 l Wasser mit dem Saft der 1/2 Zitrone, 80 g Zucker und dem Weißwein zum Kochen bringen. Die Pfirsichhälften und die beiden Kerne dazugeben und alles bei schwacher Hitze 8–10 Minuten garen, bis die Pfirsiche weich sind. Die Pfirsiche von der Kochstelle nehmen und abkühlen lassen.

4. Die abgekühlten Pfirsiche zugedeckt etwa 1 Tag im Kühlschrank ziehen lassen.

5. Dann die beiden Kerne herausnehmen und das Pfirsichkompott mit dem Saft durch ein Haarsieb streichen. Die Orange auspressen und mit den 4 Eßlöffeln Zitronensaft und dem restlichen Zucker unter das Pfirsichpüree mischen. Die Masse so lange durchrühren, bis der Zucker gelöst ist.

6. Für die Sauce die Milch mit der Hälfte der Sahne, dem Zucker und dem Vanillemark zum Kochen bringen.

7. Das Eigelb mit dem Ei in einer Metallschüssel schaumig schlagen. Die heiße Milch unter ständigemSchlagen langsam dazugießen. Die Sauce über dem heißen Wasserbad so lange schlagen, bis sie dickflüssig ist. Die Schüsel dann in Eiswasser stellen und die Sauce kalt schlagen.

8. Den Pumpernickel fein zerbröseln und unter die Sauce mischen. Die restliche Sahne steif schlagen und unterheben.

9. Die Pfirsichmasse in die Eismaschine geben und 5-7 Minuten drehen. Wenn Sie keine Eismaschine haben, verrühren Sie in einer Cromarganschüssel 1 l Wasser mit Eiswürfeln von 2 l Wasser und 1 kg Salz. Den Schneekessel mit der Eismasse hineinstellen und die Masse unter ständigem Rühren fest werden lassen.

10. Die Sauce auf den Teller gießen. Vom Eis Kugeln abstechen und darauf setzen.

Mein Tip:

In die Sauce können Sie zusätzlich kleingewürfeltes Pfirsichfleisch geben. Statt mit Pfirsichen können Sie das Eis auch mit Brombeeren zubereiten. Dazu etwa 600 g Brombeeren pürieren, durch ein Sieb streichen und mit 140 g Läuterzucker (siehe Seite 22) mischen. Etwa 100 g von der Masse abnehmen. Die restliche Masse mit etwas Rotwein aromatisieren und in die Eismaschine geben. Das Eis mit der flüssigen Brombeermasse anrichten.

Quarkomelette mit Früchteragout

Die Orangen müssen einen vollen, süßen Geschmack haben, und die Schale soll unbehandelt sein.

Für 4 Personen:	
Für das Früchteragout:	
6	*Orangen*
1	*Grapefruit*
50 g	*Butter*
70 g	*Zucker*
1	*Eigelb*
	abgeriebene Schale von
je 1	*unbehandelten Zitrone*
	und Orange
2 Eßl.	*Orangenlikör*
Für die Omelettes:	
200 g	*Quark*
3	*Eigelb*
	abgeriebene Schale von
1/2	*unbehandelten Zitrone*
4	*Eiweiß*
150 g	*Zucker*
Außerdem:	
	Butter zum Backen
	Puderzucker zum Bestäuben
Arbeitsaufwand:	
	etwa 40 Minuten
Garzeit:	
	etwa 30 Minuten

Diese Quarkomelette ist ein gelungener Abschluß eines leichten Menüs oder aber ein süßes Hauptgericht für 2 Personen.

Zu der luftigen Omelette paßt das fruchtige Ragout besonders gut. Wichtig ist die gute Qualität der Orangen. Der ausgeprägte Geschmack von Orangen kommt hauptsächlich von den enthaltenen Zuckern und den vielen Aromastoffen. Bis heute konnten schon etwa 11 verschiedene Aromastoffe nachgewiesen werden. Orangen enthalten außerdem reichlich Vitamin C.

Von den etwa 400 verschiedenen Orangensorten werden nur einige für kommerzielle Zwecke genutzt. Man unterscheidet hauptsächlich Winter- und Sommerorangen. Winterorangen kommen von November bis Mai vorwiegend aus den Mittelmeerländern, Sommerorangen aus Übersee. Lassen Sie sich am besten von Ihrem Händler beraten, welche Orange Sie für das Ragout verwenden sollen. Achten Sie auch darauf, daß Sie Früchte mit unbehandelter Schale bekommen, da sie teilweise mitverwendet wird.

Gepflückte Orangen reifen übrigens nicht mehr nach. Und die Farbe der Schale gibt keine Auskunft über den Reifezustand der Früchte. Grüne Schalenstellen deuten aber darauf hin, daß die Früchte vor der Ernte einer zu hohen Temperatur ausgesetzt waren.

Grapefruits sind eine Kreuzung aus Pampelmusen und Orangen. Die Schale ist dicker als die von Orangen, das Fruchtfleisch gelb und sehr saftig.

Die Orangen und die Grapefruit sollten Sie bei der Zubereitung auch sorgfältig aus den Schalen lösen, sie würden in dem fruchtigen Ragout störend wirken.

Mit dem Früchteragout von diesem Rezept können Sie auch zarte Crêpes füllen.

Die Crêpes dafür sehr dünn backen und übereinander legen, bis alle gebacken sind. Verfeinern läßt sich Crêpeteig mit abgeriebener unbehandelter Schale von Orangen oder Zitronen.

1. Für das Früchteragout 2 Orangen und die Grapefruit schälen. Die weiße Innenhaut vollständig entfernen. Die Filets aus den Schalen trennen. Dafür die Trennhaut der einzelnen Filets auf beiden Seiten vom Fruchtfleisch lösen.

2. Die Früchte dabei über eine Glasschüssel halten, um den Saft aufzufangen. Wenn die Filets ausgelöst sind, den restlichen Saft aus den Häuten mit den Händen über der Schüssel auspressen.

3. 4 Orangen auspressen und den Saft in die Schüssel zu dem aufgefangenen Saft geben. In einer Sauteuse die Butter und den Zucker unter ständigem Rühren bei mittlerer Hitze garen, bis ein hellbrauner Caramel entstanden ist. Langsam (damit es nicht zu sehr spritzt) die Hälfte des Orangensaftes unterrühren.

4. Diese Mischung mit dem Eigelb in einem Mixglas kräftig aufmixen. Den restlichen Orangensaft, die abgeriebenen Zitrusschalen und den Orangenlikör unterrühren.

5. Den Quark durch ein Sieb in eine Rührschüssel streichen, dann die Eigelbe gründlich unterrühren. Die Zitronenschale untermischen.

6. Die Eiweiße mit dem Zukker mit dem Handrührgerät zu einer cremigen, nicht zu festen Masse aufschlagen. Den Eischnee und die Quarkmasse mit einem Schneebesen vorsichtig vermengen.

7. Den Backofen auf 220° vorheizen. Zwei beschichtete Pfannen von etwa 18 cm Durchmesser erhitzen und etwas Butter darin schmelzen lassen. Je ein Viertel der Omelettemasse in den Pfannen verstreichen.

8. Die Omelettes bei mittlerer Hitze etwa 2 Minuten leicht bräunen, dann etwa 8 Minuten in den Backofen (Mitte) stellen, bis sie hellbraun sind.

9. Die Orangen- und die Grapefruitfilets in die Sauce geben.

10. Die beiden Omelettes aus dem Backofen nehmen, mit je einem Viertel des Früchteragouts füllen und zur Hälfte zusammenklappen. Die Omelettes auf vorgewärmte Teller stürzen, mit Puderzucker bestäuben und rasch servieren. Mit der restlichen Omelettemasse ebenso verfahren.

Kirschentartes

Ich bin sicher, daß dies eines Ihrer Lieblingsdesserts wird. Es schmeckt köstlich und ist sehr leicht zuzubereiten.

	Für 6 Personen:
500 g	*dunkle, vollreife Kirschen*
40 g	*Marzipanrohmasse*
3 Teel.	*gemahlene Haselnüsse*
400 g	*frischer Blätterteig*
	(Rezept Seite 92)
5 Eßl.	*Aprikosenmarmelade*
250 g	*Sahne*
1 Eßl.	*Puderzucker*
3 Eßl.	*Rum*
	Zum Garnieren:
3 Eßl.	*Hagelzucker*
	Arbeitsaufwand:
	etwa 50 Minuten
	Backzeit:
	etwa 20 Minuten

1. Die Kirschen waschen, von den Stielen befreien und entsteinen. Das geht am besten mit einem Kirschentsteiner. Die Kirschen dann halbieren.

2. Den Backofen auf 220° vorheizen.

3. Die Marzipanrohmasse in eine Glasschüssel geben und mit einer Gabel zerdrücken. Dann die Haselnüsse und etwa 1 Eßlöffel Wasser dazugeben und die Masse cremig rühren. Sie soll streichfähig sein.

4. Den Blätterteig auf einem Backbrett etwa 1 mm dünn ausrollen. Dann 6 Scheiben von etwa 15 cm Durchmesser ausstechen.

5. Ein Backblech mit Backpapier auslegen und die Teigböden darauf legen.

6. Die Marzipanmasse mit einem Backpinsel gleichmäßig und dünn auf die Teigböden streichen. Die Kirschen dicht nebeneinander darauf legen.

7. Die Tartes im Backofen (Mitte) etwa 20 Minuten backen.

8. Inzwischen die Aprikosenmarmelade durch ein Sieb in eine kleine Pfanne streichen und mit 1 Eßlöffel Wasser glattrühren. Die Marmelade erhitzen, damit sie streichfähig wird.

9. Die Sahne mit dem Zucker halbsteif schlagen. Zum Schluß den Rum unterrühren.

10. Die Kirschentartes aus dem Ofen nehmen. Die Aprikosenmarmelade mit einem Pinsel dünn aufstreichen.

11. Die Tartes auf vorgewärmte Teller geben und mit der Rumsahne umkränzen.

12. Den Hagelzucker darüber streuen und die Tartes rasch servieren, sonst wird der Blätterteig weich.

Meine Tips:

Durch die Sahne können Sie noch ein Muster ziehen, wenn Sie Brombeeren durch ein Sieb streichen, etwas zukkern und auf die Sahne geben. Mit einer Gabel ein Muster durchziehen.
Selbstgemachter Blätterteig ist tiefgekühltem in jedem Fall vorzuziehen. Den Teig müssen Sie allerdings schon am Vortag zubereiten, da er etwas Ruhezeit braucht.
Für die Tartes brauchen Sie nur etwa ein Drittel des Teiges, der Rest hält sich einige Tage im Kühlschrank. Sie können ihn aber auch einfrieren.

Mandelcreme auf Himbeersauce

Dieses Dessert wird ohne Eigelb, sondern nur mit Eiweiß zubereitet. Die Creme wird dadurch viel schaumiger.

Für 4 Personen:	
4	*kleine Savarinförmchen*
Für die Mandelcreme:	
4	*Eiweiß*
100 g	*Zucker*
50 g	*geriebene Mandeln*
2	*Blatt Gelatine*
350 g	*Crème fraîche*
6 Eßl.	*Amaretto*
Für die Himbeersauce:	
300 g	*Himbeeren*
2 Eßl.	*Zucker*
1 Eßl.	*Himbeergeist*
50 g	*Sahne*
Zum Garnieren:	
	einige Minzeblätter
Arbeitsaufwand:	
	etwa 30 Minuten
Kühlzeit:	
	etwa 2 Stunden

1. In einer Rührschüssel die Eiweiße mit 50 g Zucker zu einer cremigen Masse aufschlagen.

2. Die Mandeln in einer kleinen beschichteten Pfanne unter ständigem Rühren bei mittlerer Hitze etwa 3 Minuten anrösten, bis sie hellbraun sind. Die Mandeln zur Seite stellen und abkühlen lassen.

3. Die Gelatine in 100 ml Wasser einweichen.

4. Die Crème fraîche mit dem restlichen Zucker mit einem Schneebesen kräftig verrühren.

5. Den Amaretto leicht erwärmen. Die Gelatine ausdrücken und unter Rühren in dem Amaretto auflösen. Die Mischung unter die Crème fraîche rühren. Die Mandeln unterrühren, dann alles unter die Eiweißcreme mischen.

6. Die Mandelcreme portionsweise in die Förmchen geben und glattstreichen. Die Mandelcreme etwa 2 Stunden in den Kühlschrank stellen.

7. Kurz vor Ende der Kühlzeit die Himbeeren verlesen. 50 g davon zum Garnieren beiseite stellen. Die restlichen Himbeeren mit dem Pürierstab pürieren, mit dem Zucker und dem Himbeergeist aromatisieren. Die Himbeeren durch ein Sieb streichen.

8. Die Sahne halbsteif schlagen.

9. Die Himbeersauce auf gekühlte Teller verteilen. Die Förmchen kurz in heißes Wasser tauchen, die Creme auf die Teller stürzen. Die Himbeersauce vorsichtig mit der Sahne umranden. Mit einer Gabel von außen nach innen Sahnestreifen durch die Himbeersauce ziehen.

10. Das Dessert mit den restlichen Himbeeren und Minzeblättern garnieren.

Mein Tip:

Als zusätzliche Garnitur können Sie geschmolzene Kuvertüre und gemahlene Pistazien verwenden.
Statt Himbeeren können Sie auch frische Feigen verwenden. Dazu 3 vollreife Feigen schälen und halbieren. 100 g Sahne halbsteif schlagen und auf gekühlte Teller geben. Die Mandelcreme darauf stürzen und mit dünnen Feigenscheiben umkränzen.
Gut schmeckt auch ein Kirschragout aus dunklen Kirschen, trockenem Rotwein und Cassislikör. Die Kirschen in der Flüssigkeit etwa 5 Minuten garen, dann herausnehmen und die Sauce einkochen lassen. Dann mit etwas Speisestärke, in Kirschwasser verrührt, mischen und einmal aufkochen.

Baumkuchenschnitten mit Kiwi und Weinschaum

Ein ideales Dessert, wenn Sie viele Freunde bewirten möchten.

Für 10 Personen:	
Für die Baumkuchenschnitten:	
400 g	*Butter*
300 g	*Marzipanrohmasse*
12	*Eigelb*
12	*Eiweiß*
200 g	*Zucker*
180 g	*Mehl*
160 g	*Speisestärke*
Außerdem:	
6	*Kiwis*
1 Teel.	*Kiwilikör*
1 Teel.	*Wodka*
1 Eßl.	*Sekt*
100 ml	*trockener Weißwein*
100 ml	*Marsala*
50 g	*Zucker*
1	*Ei*
2	*Eigelb*
Zum Garnieren:	
	einige Walderdbeeren
Arbeitsaufwand:	
	etwa 1 1/4 Stunden
Backzeit:	
	etwa 40 Minuten

1. Den Backofen auf 250° vorheizen.

2. Die Butter in einer Rührschüssel schaumig rühren.

3. Die Marzipanrohmasse mit den Eigelben fein mixen, dann durch ein Haarsieb streichen. Die Masse mit der Butter verrühren.

4. Die Eiweiße mit dem Zucker cremig schlagen.

5. Das Mehl und die Speisestärke in eine Schüssel sieben. Ein Drittel davon vorsichtig unter die Eiweißmasse ziehen.

6. Die restliche Mehlmischung unter die Buttermasse heben. Dann die Eiweißmasse locker unterheben.

7. Ein Backblech mit Backpapier auslegen. Mit einer Teigkarte eine 1 mm dünne Teigschicht auf dem gesamten Blech verstreichen. Den Teig für etwa 2 Minuten in den Backofen (Mitte) schieben, bis er goldgelb ist. Dann das Blech herausnehmen und wieder eine 1 mm dünne Teigschicht auf dem gebackenen Teig verstreichen. Wiederum in den Backofen geben, bis auch diese Schicht goldgelb ist. Diesen Vorgang wiederholen, bis der gesamte Teig verbraucht ist. Es ergibt etwa 10 Schichten. Dabei immer am Ofen stehenbleiben, damit die Teigblätter nicht zu sehr bräunen und trocken werden.

8. Den fertig gebackenen Baumkuchen aus dem Ofen nehmen und auf die Arbeitsplatte stürzen. Das Backpapier sofort abziehen. Den Baumkuchen in Plastikfolie wickeln und darin erkalten bleiben. So bleibt er schön saftig.

9. Die Kiwis schälen. 5 Kiwis halbieren und in dünne Scheiben von etwa 2 mm Dicke schneiden.

10. Die Kiwischeiben mit dem Kiwilikör, dem Wodka und dem Sekt mischen und etwa 15 Minuten marinieren.

11. Die restliche Kiwi zerkleinern und durch ein Sieb streichen. Das Kiwimark wird zum Garnieren verwendet.

12. In einem Topf für ein Wasserbad etwa 1 l Wasser zum Kochen bringen.

13. Den Weißwein mit dem Marsala, dem Zucker, dem Ei und den Eigelben in einem Schneekessel verrühren. Den Schneekessel über das Wasserbad stellen und die Creme mit dem Schneebesen aufschlagen, bis sie cremig und dicklich ist.

14. Den Baumkuchen aus der Folie wickeln und in etwa 7 cm breite Streifen schneiden. Diese wiederum in etwa 3 mm dünne Scheiben schneiden.

15. Kurz vor dem Servieren mit einem Schöpflöffel portionsweise Weinschaum auf Teller gießen.

16. 1 Scheibe Baumkuchen auf die Teller legen, mit Kiwischeiben bedekken und wieder mit Baumkuchen belegen. Diesen Vorgang wiederholen, bis 5 Schichten Baumkuchen auf dem Teller sind. Die letzte Schicht soll aus Kiwischeiben bestehen. Je 1 Löffel Kiwimark daneben setzen oder als Muster durch den Weinschaum ziehen. Einige Walderdbeeren dazulegen.

Holunderblüten-Parfait

Die wohlschmeckenden Holunderblüten können Sie von Mai bis Ende Juni ernten. Die Blütenknospen müssen völlig geöffnet sein. Am besten bei Sonnenschein ernten, sie sind dann am schmackhaftesten.

Für 8 Personen:	
1	*Terrinenform von 20 cm Länge, 7 cm Höhe, 7 cm Breite oder*
8	*Timbale-Förmchen*
Für den Sirup:	
30 g	*Holunderblüten ohne Stiele*
70 g	*Zucker*
100 ml	*trockener Weißwein*
100 ml	*Champagner*
100 ml	*Wasser*
1	*Zitrone*
1	*Gewürznelke*
Außerdem:	
2	*Zitronen*
4	*Eigelb*
40 g	*Zucker*
400 g	*Sahne*
100 ml	*Sekt*
250 g	*Erdbeeren*
Zum Garnieren:	
	einige Minzeblätter
60 g	*Erdbeeren*
Arbeitsaufwand:	
	etwa 40 Minuten
Garzeit:	
	etwa 10 Minuten
Ruhezeit für den Sirup:	
	2–3 Tage
Kühlzeit:	
	etwa 3 Stunden

1. Für den Sirup die Holunderblüten in ein Sieb geben und kurz mit Wasser überspülen. Dann mit dem Zucker, dem Weißwein, dem Champagner und dem Wasser in einen Topf geben.

2. Die Zitrone auspressen. Den Saft mit der Gewürznelke zu der Flüssigkeit in den Topf geben.

3. Alles einmal aufkochen, dann die Hitze zurückschalten und alles etwa 10 Minuten bei schwacher Hitze ziehen lassen. Zudecken und abkühlen lassen.

4. Den Sirup 2–3 Tage in den Kühlschrank stellen. Den Sirup dann durch ein Sieb schütten und 1/4 l abmessen.

5. Die Zitronen auspressen, den Saft durch ein Sieb gießen.

6. Für ein Wasserbad in einem Topf etwa 1 l Wasser zum Kochen bringen.

7. Die Eigelbe, den Holunderblütensirup, 30 g Zucker und 200 g Sahne in einen Schneekessel geben und mit dem Schneebesen verrühren. Den Schneekessel über das heiße Wasserbad stellen und die Masse so lange schlagen, bis beginnt, cremig zu werden. Die Creme kurz vor dem Aufkochen vom Wasserbad nehmen und auf Eis kalt schlagen. Nach und nach den Sekt und den Zitronensaft unterschlagen.

8. Die restliche Sahne steif schlagen und unter die erkaltete Parfaitmasse heben. Die Masse in die Terrinenform oder die Timbale-Förmchen geben und glattstreichen. Das Parfait ins Gefrierfach stellen und in etwa 3 Stunden gefrieren lassen.

9. Dann die Erdbeeren in ein Sieb geben und mit Wasser überspülen. Die Früchte von den Stielen befreien, vierteln und durch ein Haarsieb streichen. Das Erdbeermark mit dem restlichen Zucker süßen.

10. Mit dem Erdbeermark einen Spiegel auf Teller gießen. Die Terrinenform, oder die Timbale-Förmchen kurz in heißes Wasser tauchen. Falls Sie eine Terrinenform verwendet haben, das Parfait auf ein Brett stürzen und mit einem Messer in etwa 1 1/2 cm dicke Scheiben schneiden. Oder das Parfait aus den Förmchen stürzen. Das Parfait auf das Erdbeermark legen und mit Minzeblättern und den Erdbeeren in Scheiben garnieren.

Meine Tips:

Damit die Parfaitscheiben schön glatt werden, sollten Sie das Messer vor dem Schneiden immer in heißes Wasser tauchen.
Wenn Sie die Zutaten für den Holunderblütensirup verdreifachen, können Sie ein Sorbet daraus herstellen. Es schmeckt gut als Zwischengang in einem sommerlichen Menü.

Menüzusammenstellungen

Zu einem geselligen Essen mit Verwandten oder Freunden gehörten schon immer mehrere Gänge. Heutzutage beschränkt man sich dabei meist auf drei oder fünf. Damit Ihr Menü wirklich zu einem kulinarischen Höhepunkt wird, gilt es schon bei der Zusammenstellung einige Dinge zu beachten. Sowohl die Hauptzutaten wie auch der Geschmack und die vorherrschende Farbe sollten in einem Menü nicht zweimal auftauchen. Wählen Sie also beispielsweise keine Tomatensuppe als Vorspeise und als Hauptgang dann ein Gericht mit Tomatensauce. Damit Ihnen die Wahl des geeigneten Menüs ganz leicht fällt, finden Sie hier einige Beispiele von geschmacklich und optisch ausgewogenen Menüs.

Menü 1

Broccoli-Terrine mit Kräutersauce (Rezept Seite 12)

Klare Tomatensuppe mit Mozzarella-Ravioli (Rezept Seite 60)

Hausgemachte Nudeln mit Pfifferlingen und Paprikabutter (Rezept Seite 68)

Artischockensoufflé mit Kerbelsauce (Rezept Seite 88)

Reistörtchen auf Apfelsauce (Rezept Seite 120)

Weinempfehlung:
»Baden« 1988 Grauburgunder
Tafelwein – trocken
»Aus dem kleinen Holzfaß«

Menü 2

Paprikaschaum mit Ziegenfrischkäse (Rezept Seite 53)

Pfifferling-Cannelloni mit Lauch (Rezept Seite 66)

Fencheltorte (Rezept Seite 98)

Quarkomelette mit Früchteragout (Rezept Seite 124)

Weinempfehlung:
»Rheingau« 1988 Erbacher Rheinhell
Weißburgunder und
Chardonnay trocken
Schloß Reinhartshausen

Menü 3

Blattsalate mit pochierten Wachteleiern und Dillsauce (Rezept Seite 14)

Spargel mit Beaujolais-Sauce (Rezept Seite 30)

Gemüsepaella mit Tomatenragout (Rezept Seite 84)

Kirschentartes (Rezept Seite 126)

Weinempfehlung:
»Elsaß« 1988 Riesling
»Reserve personelle« Hugel

Menü 4

Rote Paprikamousse auf Sauce von grünen Paprika (Rezept Seite 27)

Kerbelschaumsuppe (Rezept Seite 56)

Gefüllter Fenchel mit Mais (Rezept Seite 80)

Gedünstete Kartoffeln mit geschmorten Zwiebeln und Morchelrahm (Rezept Seite 97)

Holunderblüten-Parfait (Rezept Seite 132)

Weinempfehlung:
»Südtirol« 1988 Benefizum Porer
Pinot Grigio
Alois Lageder, Bozen

Menü 5

Lauch-Trüffel-Terrine auf Linsensprossen (Rezept Seite 28)

Apfelrösti mit Meerrettich und weißer Pfeffersauce (Rezept Seite 39)

Grieß-Suppe mit Sauerampfer (Rezept Seite 62)

Gemischte Gemüse mit Schnittlauchsauce (Rezept Seite 100)

Kumquatkompott mit Vanilleeis (Rezept Seite 116)

Weinempfehlung:
»Baden« 1985 Königschaffhauser Hasenberg
Grauer Burgunder, Spätlese trocken
Winzergenossenschaft Königschaffhausen

Menü 6

Pfifferlingtatar mit Artischocken und Spargel (Rezept Seite 18)

Lauchgratin im Tartelette (Rezept Seite 36)

Brennessel-Risotto (Rezept Seite 78)

Petersiliensabayon mit pochiertem Wachtelei (Rezept Seite 91)

Mandelcreme auf Himbeersauce (Rezept Seite 129)

Weinempfehlung:
»Italien Toscana«
1988 Avignonesi il Marzocco
Chardonnay di Toscana

Menü 7

Terrine von Tamarillo (Rezept Seite 22)

Austernpilze in Zitronenbutter (Rezept Seite 34)

Gemüsebrühe mit Tomaten und Paprika (Rezept Seite 59)

Spargel in Blätterteig mit Safransauce (Rezept Seite 94)

Wiener Himbeeromelette (Rezept Seite 119)

Weinempfehlung:
»Württemberg«
1988 Kleinbottwarer Lichtenberg
Riesling, Qualitätswein – trocken
Schloßkellerei Graf Adelmann

Menü 8

Mais-Tomaten-Komposition (Rezept Seite 17)

Avocadosuppe mit Ziegenfrischkäse (Rezept Seite 49)

Ricotta-Ravioli mit Oliven-Vinaigrette (Rezept Seite 71)

Wirsing à la crème mit gebratenen Austernpilzen (Rezept Seite 109)

Sizilianisches Eis mit Pumpernickelsauce (Rezept Seite 123)

Weinempfehlung:
»Österreich«
1988 Chardonnay
Qualitätswein – trocken
Weinbaugebiet Neusiedlersee
Sepp Moser

Zu den Desserts von Menü 3, 4, 6 und 7 können Sie eventuell einen anderen Wein servieren:
1983 Wachenheimer Mandelgarten
Scheurebe Auslese
Weingut Bürklin Wolf, Wachenheim

Außerdem möchten wir noch Weine aus biologischem Anbau nennen:
Der Zukunftswein für Gesundheitsbewußte:
»Randersacker« Ewig Leben – Restzucker 0,0 g
»Randersacker« Pfülben Riesling – Restzucker 0,6 g
»Randersacker« Sonnenstuhl Riesling – Restzucker 1,2 g

Der Inhalt des Buches von A bis Z

Hier stehen die Rezepttitel und Sachbegriffe in alphabetischer Reihenfolge. Damit Sie Rezepte mit bestimmten Zutaten wie Äpfeln oder Tomaten aber noch schneller finden können, stehen in diesem Register zusätzlich auch diese Gerichte – ebenfalls alphabetisch geordnet – unter den jeweiligen Hauptzutaten.

Der Inhalt des Buches von A bis Z

Die Autoren

Heinz Winkler
wurde 1949 in Brixen in Südtirol geboren. Nach der Ausbildung in seiner Heimat sammelte er Erfahrungen in namhaften Hotels und Restaurants in Deutschland, Italien, Frankreich und der Schweiz, unter anderem im Schloßhotel Pontresina.
1978 ging er zu Paul Bocuse, dem unbestrittenen Meister und Lehrherren der besten europäischen Köche, und übernahm im selben Jahr das Restaurant »Tantris« in München. 1991 eröffnete er die »Residenz Heinz Winkler« in Aschau im Chiemgau. Seit 1981 hat Heinz Winkler drei Sterne im »Guide Michelin«. Weitere Auszeichnungen sind: 19 Punkte im Gault Millau, Five Star Diamond Award und – als erster deutscher Koch überhaupt – das Bundesverdienstkreuz im Mai 2003.

Pete A. und Susanne Eising
haben sich ausschließlich auf Food-Fotografie spezialisiert. In ihrem Studio für Lebensmittelfotografie entstehen anspruchsvolle Food-Aufnahmen. Zum Kundenkreis gehören Werbeagenturen und Industrieunternehmen, Zeitschriftenredaktionen und Kochbuchverlage. Um den Service abzurunden, ist an das Foto-Studio eine Bildagentur mit Sitz in München und in der Schweiz angeschlossen, selbstverständlich mit dem Hauptthema Food. Sowohl im Studio als auch in der Küche sind nur Profis beschäftigt. Neben Pete A. Eising und Susanne Eising hat an diesem Buch Martina Görlach mitgearbeitet. Sie war für die Requisite zuständig und wirkte auch an der fotografischen Gestaltung mit.

Impressum

ISBN 3-89893-585-X

Farbfotos: Susanne und Pete A. Eising, Joachim Heer (Seite 7)
Foodstyling: Heinz Beck
Styling: Susanne Eising
Requisite und Mitarbeit im Studio: Martina Görlach
Gestaltung: Ludwig Kaiser

Druck und Bindung:
Mateu Cromo Artes Gráficas
Printed in Spain